Sous Le Drapeau Rouge...

Louis Barron

LOUIS BARRON

SOUS LE DRAPEAU ROUGE

DEUXIÈME EDITION

PARIS

NOUVELLE LIBRAIRIE PARISIENNE

ALBERT SAVINE, ÉDITEUR

18, RUE DROUOT, 18

SOUS
LE
DRAPEAU ROUGE

DU MÊME AUTEUR

Paris-Étrange. Mœurs parisiennes. (In-18.)

HISTOIRE ET VOYAGES

Les Environs de Paris. (Gr. in-4° illustré.)
Les Fleuves de France : La Loire. (In-8° illustré.)

EN PRÉPARATION

Perversions parisiennes.
Les Fleuves de France : La Seine.

ÉVREUX, IMPRIMERIE DE CHARLES HÉRISSEY

LOUIS BARRON

SOUS LE DRAPEAU ROUGE

PARIS
NOUVELLE LIBRAIRIE PARISIENNE
ALBERT SAVINE, ÉDITEUR
18, *Rue Drouot*, 18

1889

SOUS LE DRAPEAU ROUGE

PREMIÈRE PARTIE

LA GUERRE SOCIALE

I

LES ÉTAPES D'UN VOLONTAIRE SOUS LA COMMUNE

Au mois d'avril 1871, les chemins de fer conduisaient encore assez facilement de la province dans Paris, assiégé pour la seconde fois, mais les débarquements avaient quelque chose d'imprévu, de farouche. Dans chaque gare, sur le passage obligé des voyageurs, des gardes nationaux, en tenue de campagne, formaient une haie serrée de baïonnettes intelligentes et de visages soupçonneux. On ne les évitait pas. Des chefs paraissant se demander si vous veniez en amis ou en ennemis, vous examinaient, flairaient vos bagages, l'air méfiant. Je dus, à mon tour, subir cette inspection, mais si, parmi mes compagnons de route, plus d'un blêmit et frémit, moi, je passai la tête haute, ayant la conscience sereine. Je n'avais rien à craindre des défenseurs de la Commune; j'étais un des leurs, ayant l'uniforme, et ce spectacle inaccoutumé m'agitait et me ravissait. J'allais donc, enfin, voir une révolution sociale, la révolution rêvée, attendue, souhaitée par la jeunesse ardente et pauvre de ma génération, pendant les années fiévreuses de la fin de l'Empire !

J'arrivais à propos. La révolution du 18 Mars était consommée, la Commune affermie. Après une double défaite, on se préparait à la revanche en construisant des barricades. Etrange était l'immense ville insurgée : stupide d'étonnement et de passivité, morne dans ses quartiers de grandes fortunes et de haut commerce; bouillonnante, tumultueuse et brouillonne dans ses faubourgs populaires; sur le seul boulevard, de la Madeleine au Gymnase, oisive, remuante, bavarde et gaie, comme à l'ordinaire.

Le Boulevard, sceptique et railleur, attend les événements. Boursiers, nouvellistes, rastaquouères et filles à peu près sans ouvrage, contemplent les défilés incessants des bataillons fédérés dirigés sur Neuilly, vantent leur allure martiale, applaudissent les fanfares jouant la Marseillaise, se lèvent et saluent quand un char funèbre orné de drapeaux rouges et lentement promené au son lugubre des tambours drapés, vient à passer, et discutent à perte de vue des chances de la lutte : d'ailleurs tout prêts à recevoir l'armée de l'ordre avec des transport d'enthousiasme. A leurs groupes se mêlent beaucoup de mendiants, de pifferari, d'enfants estropiés « par la guerre », criant des refrains idiots ou obscènes: premier effet répugnant de la liberté sainte !

Du Boulevard à la photographie d'un boulevardier, bien connu de tous les révolutionnaires barbus ou imberbes de ce temps-là, il n'y a pas loin et j'y vais tout droit. L'excellent homme, dont le seul tort est qu'il pourrait dire, comme Sosie : « Messieurs, ami de tout le monde ! » est à son poste, et justement, il pose devant son objectif les révoltés de l'Empire devenus les chefs de la Commune. D'humeur blagueuse, toujours, il recommande :

— Attention ! Ne bougeons plus, ou l'écharpe se brouillerait sur le cliché, et nous y tenons, à l'écharpe !

Mâtin ! ils y tiennent si bien que l'avertissement les rend immobiles, comme des personnages du jeu de massacre.

La pose finie, le photographe m'aperçoit et la main tendue :

— Tiens, comment va, mon petit ? Que viens-tu faire ici.

— On se bat pour la Révolution, j'accours.

— C'est juste. Mais tu n'es pas de la garde nationale, toi, où peux-tu servir ?

— Je ne sais pas, mais je veux servir.

— Si c'est votre idée, monsieur, on ne vous contrariera pas. Veux-tu un mot pour Courbet !

— Si Courbet est général ?.....

— Farceur ! Courbet est l'ami de Cluseret, délégué à la guerre. On essaie en ce moment d'organiser la bataille, ratée le 2 avril. Tu seras bien là, en attendant la tatouille finale !

Je dois trouver le grand et gros peintre Courbet à sa pension de la rue Serpente vers 6 heures du soir, et n'ai garde de manquer au rendez-vous.

La pension occupe le premier étage d'une vieille maison bourgeoise à la cour moussue, aux murs humides, à l'escalier glissant, modeste de la cave au grenier; nourrissant à cent francs par mois, et même à moins, des étudiants, des rapins, des stagiaires, des débutants de lettres; si d'aventure on y fait la noce, il n'y paraît guère à la simplicité de la cuisine et des êtres.

Le maître d'Ornans est attablé devant un plat odorant de choux, saucisses et petit salé qu'il arrose de larges rasades d'eau rougie, tout en causant, sa large face épanouie dans un sourire gouailleur, et l'air si bonhomme, l'accent franc-comtois si curieusement hypocrite! S'il entend malice à la révolution du 18 Mars, celui-là !

— Asseyez-vous, citoyen, voulez-vous prendre le café avec nous?..... Mariette, une demi-tasse de plus. Et vous venez?...

— De la part de l'un de vos amis Voici sa lettre.

— Donnez... Ah ! vous n'aimez pas les Versaillais, vous non plus. Vous avez bougrement raison. Et vous désirez un mot pour Cluseret ?

— S'il vous plaît, citoyen.

— Puisque c't ami vous recommande !... Mariette, une plume, du papier...

Dix minutes après, le maître et moi, nous remontons bras dessus bras dessous le boulevard Saint-Germain. La nuit, comme un voile splendide, est tombée du ciel criblé d'étoiles, et la ville semble en fête comme le ciel. Le boulevard des étudiants a ses cafés aux terrasses débordantes, ses couples amoureux, ses flâneurs habituels respirant les parfums du jardin du Luxembourg, reverdi, tout en floraison. Ce sont là, dans cet instant, les horreurs de la guerre civile.

Le peintre grasseye :

— Et vous ferez mes compliments à Cluseret. Vous lui direz que les zigs comptent sur lui pour fiche une peignée aux Versaillais !... Eh ! mais voici du nouveau !

Du nouveau ? En effet. La crépitation soudaine, distincte, terrifiante de deux fusillades qui s'entre-croisent et se répondent, nous déchire les oreilles. On dirait que cela vient du Petit-Montrouge.

Courbet se trouble un peu.

— Les Versaillais tentent un coup de main. Pourvu que nos citoyens ne se laissent pas surprendre !

Attirée par le bruit, une foule s'amasse, se porte en avant. Tout à coup un tambour passe, battant la générale. Bientôt après, un bataillon de la garde nationale, clairons en tête, file au pas de charge.

— Où allez-vous ? camarades.

— A Vanves, où l'ennemi attaque.

— Des braves, n'est-ce pas ? citoyen Courbet.

— Certainement, de vrais lapins. Dommage qu'ils ne s'habituent pas à découcher et que leurs chemins soient bordés de mastroquets. Les bataillons n'arrivent jamais au complet, et pas un homme ne manque à l'appel du départ, c'est drôle.

La fusillade se ralentit, s'éteint, mais pour

céder la parole à la grosse voix du canon, puis aux hoquets stridents des mitrailleurs. De la place où nous sommes, au pied de la statue de Ney, on aperçoit la flamme de cette éloquence de bronze, là-bas, à l'horizon incendié d'Issy et de Vanves.

Un gavroche crie :

— L'ennemi a trinqué ; il laisse des morts et des blessés à ramasser à pleins tombereaux.

— Et nous ?

— Rien !

On accueille la nouvelle par une explosion de joie.

Des Français de Paris jouissent de cette tuerie de Français de province. Il est vrai que les Français de province se régalent du carnage des Français de Paris. Joseph Prudhomme s'en étonne et s'indigne, mais qu'un pédant lui parle plus tard de « folie obsidionale », il croit comprendre et se console. O pouvoir des mots !

II

L'ANTICHAMBRE DE LA DÉLÉGATION

(*Ci-devant Ministère de la Guerre*).

La folie ambiante, comme le bouquet d'un vin capiteux, me monte au cerveau, m'étourdit, m'enivre. Néophyte déjà familiarisé avec la guerre civile, cette lutte fratricide me semble juste, naturelle. Pourquoi pas ? Je hais le bourgeois, maître de tout, mon maître ; j'aime le pauvre, mon égal. Je me battrai donc, et ma conscience ne me reprochera rien. Rien? Rien, sinon que peut-être, aux heures de doute, timidement afin de ne pas offenser mon orgueil, elle me représentera le Prussien aux aguets derrière les forts cédés par capitulation, et pour qui cette destruction les uns par les autres des Français vaincus est le suprême assaisonnement du triomphe.

Un scrupule de patriotisme s'élève en moi, oh ! si léger ! La Délégation de la guerre dissipera cette fumée. M'y voici.

L'hôtel de la Délégation, rue Dominique Germain (nouveau style), ressemble à un campement. Dans la cour d'honneur, à droite, à gauche s'alignent les faisceaux; près des faisceaux, des marmites suspendues à des trépieds mijotent le café, sur un feu de bois, entre deux briques. Ça et là, des fourriers distribuent le pain, mesurent le vin à d'assourdissantes escouades. Les fédérés inoccupés, portant la longue capote aux revers troussés et la couverture en bandoulière, « se baladent » en fumant la pipe. D'autres, installés sur les marches du perron, commodément, déjeunent avec leurs ménagères, leurs enfants... Ailleurs, dans le vestibule du rez-de-chaussée, dans le grand escalier et jusqu'à la porte du cabinet, les gardes, fatigués de la veille, dorment étendus sur le flanc, leurs képis rabattus sur les yeux. J'enjambe avec précaution ces dormeurs et j'aborde enfin l'huissier.

Un bel huissier, ma foi ! Un huissier très

officiel, en habit noir, cravate blanche, bas de soie, chaînette d'acier luisant, poli jusqu'à l'obséquiosité. Tous les solliciteurs, une cohue de dames en toilette, de bourgeois bien mis, de gardes pressés, de délégués, d'officiers en émoi, l'interpellent en même temps.

— Huissier ?...

— Citoyen ?...

— Monsieur ?...

— Esclave ?...

Il répond à tout le monde, flegmatique, complaisant, mais les fédérés qui le tutoient sont les premiers servis.

Je remets avec la lettre de Courbet ma carte, et tandis que j'attends sagement la réponse, on se dépite, on se fâche, on jure d'impatience autour de moi.

Le délégué ne reçoit guère. Neuf fois sur dix, l'huissier qui va, vient sans relâche des solliciteurs au général et du général aux solliciteurs, exprime un refus habilement enveloppé dans une double formule.

Il dit aux bourgeois :

— Monsieur le ministre conseille à M. ou

Mme X... de lui adresser une demande d'audience.

Il dit aux fédérés :

— Le citoyen délégué a le regret de prier le citoyen X... de revenir dans l'après-midi.

Dames et messieurs éconduits se résignent, mais les fédérés se plaignent en termes amers : ils avaient d'importantes communications à faire, des idées à proposer : c'est donc toujours le sacré plan à Trochu qui gouverne !...

Mon tour est arrivé. L'huissier s'approche de moi, ouvre la bouche, puis... s'esquive. Etonné, je le suis de l'œil et je le vois se courber jusqu'aux dalles du vestibule devant deux personnages ornés en sautoir de l'écharpe rouge à franges d'or des membres de la Commune. Il murmure quelques mots respectueux :

— Leurs Excellences ?...

On l'interrompt :

— Le citoyen Cluseret est-il à son cabinet ?

— Oui, messieurs... je veux dire, citoyens... son Excellence le ministre... c'est-à-dire le Délégué... pardon !

Lui coupant net sa phrase, les membres de la Commune lui passent devant le nez, raides comme balles.

III

LES GROS BONNETS DE LA DÉLÉGATION

— M. le ministre vous attend.

— Et sur les pas de l'huissier, je pénètre, un peu ému, dans le cabinet du délégué à la guerre.

Le général Cluseret se lève, prend sur son bureau la lettre de Courbet, la lit, et j'observe l'homme sur qui reposent en ce moment les espérances de la Révolution. Il est âgé de quarante-cinq ans environ, de taille moyenne et bien prise, robuste, les épaules carrées, la tête forte, avec des cheveux touffus, poivre et sel, frisottant sur les tempes. La figure régulière et placide, légèrement empâtée de graisse et colorée, indique le sang-froid, le calme inaltérable du tempérament, mais aussi, la lenteur de conception, la mollesse d'action qu'on lui a tant reprochées depuis. Les yeux ont une finesse spirituelle, le sourire est ironique, le geste nonchalant. Le général se croit supérieur à sa mission, il peut être habile ; mais doutant de la bonté de la cause qu'il défend, des hommes qui le servent, des troupes qu'il commande, il manque évidemment de la volonté prompte et ferme indispensable au chef révolutionnaire.

Le général est en bourgeois ; à sa boutonnière rougeoie le ruban de la Légion d'honneur. D'ailleurs, comme s'il craignait de paraître prendre son grade au sérieux, il ne s'habille jamais en militaire, et, — bizarrerie d'un gentleman, — il se coiffe ordinairement d'un chapeau mou. Les uns admirent, les autres blâment ce superbe dédain du galon, mais la garde nationale aimant l'uniforme, la tenue de Cluseret nuit à son prestige.

Il m'interroge, je réponds de mon mieux, et il conclue :

— Je vais vous présenter à mon chef d'état-major.

Il parle, en se caressant la barbe d'un geste

un peu fat de vieux beau garçon. Sa voix grasse bredouille, la netteté de la parole lui fait défaut, comme la netteté de l'esprit.

Tout différent est le chef d'état-major, colonel Nathaniel Rossel. Assez grand, svelte, les cheveux ras, très barbu, blond, très fin de profil, les yeux vifs et perçants sous le binocle, il a vraiment l'attitude militaire, raide, tout d'une pièce, cassante. C'est un soldat d'armes spéciales, un mangeur d'*x*, mais c'est un soldat de pied en cap. D'une grande réserve de maintien et de langage, il en impose par une apparence de conviction et d'austérité extraordinaire. Il domine et séduit par l'ascendant du caractère et par la supériorité du savoir; sa parole rare et concise a l'inflexion même de l'autorité. On ne lui répond pas, on lui obéit. On dirait d'un chef de sectaires, d'un moderne Cromwell, jeté par la force des événements dans une aventure dont il est seul à pénétrer les causes profondes et le mystérieux avenir.

— Vous arrivez de la province, citoyen? Que pense-t-on de nous là-bas?

— La province n'est pas hostile, mon colonel ; elle vous serait plutôt sympathique.

— Ah !... Thiers a-t-il beaucoup de volontaires ?

— Très peu. Des zouaves de Charette, des Bretons licenciés de Cathelineau, quelques gendarmes.

— Mais il a les prisonniers d'Allemagne... Vous avez servi dans l'armée ?

— Oui, colonel.

— Qui vous pousse à servir la Commune ?

— Je suis révolutionnaire socialiste.

— Vous connaissez le service en campagne ? Vous savez lire sur une carte d'état-major ?

— Oui, colonel.

— C'est bien... Commandant Séguin ?

Le commandant Séguin, sous-chef d'état-major, s'empresse de quitter les cinq ou six solliciteurs au milieu desquels il se débat.

— Commandant, le général Cluseret désire admettre ce citoyen dans l'état-major de la Délégation ; veuillez causer avec lui et lui fixer un emploi.

— Bien, mon colonel.

Nous restons en présence, le commandant Séguin et moi; il m'examine, je le regarde, et si je ne puis deviner son impression, j'ai grand'peine à lui cacher la mienne. Jamais je n'ai vu, imaginé ou rêvé commandant d'une tournure plus... surprenante.

Le sous-chef d'état-major est un tout petit homme de vingt-quatre ans dont le corps mince et grêle s'agite dans un gros costume de moblot, orné aux poignets de quatre galons d'or. Une ceinture rouge serre à la taille sa vareuse bleu marine enfoncée dans un pantalon de même drap. Il est chaussé de godillots éperonnés, d'où montent jusqu'à mi-jambes de hautes guêtres de campagne. Il porte cette tenue, plus bizarre que puritaine, avec une crânerie empêtrée d'une drôlerie irrésistible.

La malicieuse nature a donné au commandant Séguin la physionomie la plus contraire à son rôle belliqueux : celle d'un rat de bibliothèque. Le teint est jaune, tous les traits accusés, les pommettes saillantes, le nez proéminent et de travers, la bouche trop fendue, le menton trop pointu; les yeux petits, louches et myopes disparaissent sous d'immenses bésicles, mais, surmontant tout cela, s'élève un front magnifique d'intelligence et de fermeté. Car l'ironique nature, non contente encore de son œuvre — un chef-d'œuvre — a logé dans ce corps mal bâti un esprit amoureux d'art militaire, érudit ès choses de la guerre, une âme de héros et de poète, éperdument éprise de stratégie et de tactique, de batailles et de sièges.

Séguin, soldat par vocation, ne l'est pas par éducation : c'est un universitaire, licencié ès lettres, candidat à l'école normale, professeur libre, journaliste, rimeur. La Révolution, simplement parce qu'il s'est offert, en a fait un chef d'état-major.

Ce singulier petit homme est nerveux en diable, et impérieux.

Il me questionne sur divers sujets techniques; puis, me désignant un bureau :

— Vous vous installerez ici, dès ce soir, à cette place, à côté de moi. Vous serez un des secrétaires de la Délégation. Vous tien-

drez la petite caisse, et vous ferez la solde à vos collègues, tous les huit jours, à raison de cinq francs par jour. Vous serez de service de nuit, à votre tour. Vous logerez au ministère ; il faut qu'on vous ait sous la main. Je vous présenterai au trésorier et au conservateur du mobilier ; vous vous entendrez avec eux pour la direction de ces services.

Je proteste :

— Mais j'aurais voulu de l'activité... marcher...

— Patience, nous marcherons ensemble, quand il en sera temps... contre les Prussiens.

Ce disant, à voix basse, le commandant Séguin me serre la main avec une énergie cordiale.

Nous marcherons ensemble contre les Prusiens!...

Mais ce n'est pas contre les Prussiens que l'on se bat, c'est contre les Versaillais !

Pour forte que soit l'objection, les illuminés de la Délégation ne s'en embarrassent point. Je l'appris bien vite. Séguin, ami, écho de

Rossel, répond, d'après les confidences de ce taciturne : « Non, ce n'est pas contre les Versaillais que nous nous battons, c'est contre les capitulards, les honteux de la paix à outrance; par eux nous arriverons jusqu'aux Prussiens! »

Cela se dit ouvertement dans le petit groupe des initiés à la pensée intime du colonel Rossel; et ce fou rêve, effrayante illusion, formidable impossibilité, ne rencontre pas un incrédule parmi les mystiques du patriotisme.

En vérité, ces gens ne comprennent rien à la Révolution du 18 Mars.

IV

JOYEUSETÉS, BAGATELLES

Si le ci-devant ministère abrite de graves pensers et des songeries élevées, il n'est cependant pas hermétiquement fermé aux plaisirs. Tout n'est pas qu'austérité dans la Révolution du 18 Mars. Même communaliste, ou communiste, Mars n'est pas ennemi de Vénus, ni de Comus, ni de Bacchus : il sait à l'occasion sacrifier aux grâces.

Plein de l'image martiale des bataillons marchant à la bataille, de l'image sombre des honneurs funèbres rendus aux morts pour la Commune, de l'image émouvante aussi des clamantes députations de femmes, d'enfants, d'ouvriers en guenilles, de soldats poudreux à l'Hôtel de Ville, je n'aurais pas soupçonné qu'il y eût dans Paris assiégé deux fois « un coin pour la joie » : il y en avait beaucoup, il y en avait un même à la Délégation. Un coin? Non, la joie n'était pas si étroitement logée : elle s'ébaudissait à l'aise dans les petits appartements du ministère.

Le premier de mes égaux, qui me tend la main, me désabuse de ma naïveté : c'est un grand jeune homme blond, imberbe, les yeux bleus, la face poupine, hautain et hardi d'allure.

Je le reconnais de suite.

— Quoi, c'est vous, Beaufort? Vous êtes devenu républicain?

— Comme vous voyez. Mais vous?

— Moi, je l'ai toujours été.

Je me rappelle très bien le comte Charles de Beaufort, naguère sous-officier dans un régiment de ligne, très gentil sergent, brave et solide, infatigable marcheur et le premier aux exercices, ambitieux de gagner vite l'épaulette, mais énervé par l'attente indéfinie que la paix menaçante des dernières années de l'Empire, l'oisiveté moisissante des garnisons, imposaient aux jeunes courages.

Désillusionné, toujours sergent après sept ans de présence, Beaufort avait quitté l'armée pour la bureaucratie des chemins de fer. Elu, pendant le siège, capitaine dans un bataillon du faubourg Saint-Antoine, il s'était vaillamment conduit au delà comme en deçà des remparts. Maintenant ruisselant de dorures, sous l'uniforme battant neuf de capitaine d'état-major, il est l'aide de camp préféré de deux généraux et d'une générale : Eudes et Cluseret sont ces généraux ; la générale se nomme la citoyenne Eudes.

Etonné de l'élégance militaire de l'ex-sergent d'infanterie, je ne peux m'empêcher de regarder mon collègue d'autrefois avec une certaine inquiétude : il s'en aperçoit.

— Que remarquez-vous donc ?

— Mais... ce costume... ?

— Ne le trouvez-vous pas joli ?

— Si fait, mais est-il convenable, je veux dire d'ordonnance ?

— Bah !

Je comprends : Beaufort se moque de l'ordonnance. A-t-il raison ? Est-ce prudent ? Sa tenue de parade arborée, comme un défi, parmi les vêtements ternes, négligés de la garde nationale ne blesse-t-elle pas la vue de ces fédérés que l'aide de camp, gardien vigilant du cabinet contre les importuns, éloigne, rudoie souvent avec une dédaigneuse brutalité? Plus tard, dans les jours d'affolement, de désespoir, ne lui fera-t-on pas un crime capital de tant de « chic », de jactance aristocratiques?

Beaufort me semble s'amuser au jeu dangereux du soldat, — à moins qu'il ne voile d'insouciance et de légèreté on ne sait quelles ténébreuses pensées.

En ce moment il est tout à la joie :

— Il y a réception chez la générale, et je suis invité. A propos, avez-vous vu nos appartements? Non? Il faut que je vous les montre.

— Vous me ferez plaisir.

Beaufort me conduit dans l'aile gauche de l'hôtel, il ouvre la porte des pièces somptueuses où demeurait la ci-devant générale Le Flô; la citoyenne générale Eudes les occupe à présent.

La citoyenne Eudes, non moins générale que l'ex-étudiant en pharmacie dont on lui prête le nom, a, devant Cluseret, dirigé l'administration de la guerre : aux remparts, dans un accoutrement original, féminin et guerrier, en robe longue, les cheveux au vent, une écharpe rouge en sautoir, et la taille prise dans une ceinture rouge garnie de revolvers, cette amazone, qui monte à cheval comme un dragon, mène au combat les fédérés, parfois même fait le coup de feu dans la mêlée.

La citoyenne générale, née Victorine Louvel, jadis ouvrière lingère, a tout de go fait une brillante fortune. Son civisme exalté se pavane, dans le luxe des beaux meubles, des fauteuils douillettement capitonnés, des lourdes tentures de soie, des moelleux tapis, des tables exquises. Des domestiques, des cuisiniers sont à ses ordres, et deux ou trois cochers sont prêts, sur un signe d'elle, à atteler les coupés ou les victorias du ministère.

Le citoyen général n'est pas moins bien logé, mais sa place est au secteur, ce qui ne l'empêche pas d'assister aux dîners, suivis de réceptions de la générale et de ses amis, les frères May, citoyens intendants de l'armée fédérée.

Beaufort s'est adjugé le petit appartement de l'entre-sol, celui des chefs d'état-major. Il y est fort bien.

— Je me plais ici, dit-il. Cet appartement de garçon est passable : rien de trop coquet et tout le confort possible. J'ai trouvé là des vêtements, du linge, des chaussures...

— Et, dis-je en le regardant, de belles culottes de peau de daim?

— Sans doute ! Et des armes ! Avez-vous jamais admiré de plus belles armes?

D'une panophie étincelante, le capitaine détache une à une des armes d'un style curieux et d'un excellent travail, des armes anciennes, des armes d'Orient, des pistolets d'arçon et des revolvers au bois chantourné et aux canons guillochés, des sabres damasquinés flexibles comme des joncs, à gardes d'or ou d'argent ciselées, des épées à fourreau d'ivoire et à poignée de nacre, et il en fait ployer les lames, miroiter les aciers.....

— Vous êtes content de votre garni ?

— Un garni, cela ! Mais c'est mon domicile ; j'en suis enchanté et je compte bien le garder.

— De quel droit ? dis-je, en souriant.

— Ne suis-je pas venu ici le premier, avec le général et la générale Eudes ?

V

LES ÉTATS-MAJORS

Ce droit de premier occupant à s'incruster dans les splendides boiseries de la Délégation n'est pas précisément du goût des austères et des mystiques de l'entourage de Cluseret et de Rossel.

Cluseret, par « américanisme », déteste les galons, les panaches, les excentricités tapageuses ; la citoyenne générale lui est souverainement antipathique, et la culotte de peau de daim du capitaine de Beaufort, donc !

Mais comment réformer les abus sans ce compromettre ? Cluseret le voudrait, mais il n'ose, car il craint d'offenser des puissances soupçonneuses et chatouilleuses à l'excès.

L'aide de camp de Beaufort n'est-il pas le cousin ou le beau-frère d'un véritable personnage, Edouard Moreau, tête et bras du comité central, placé à la Délégation un peu pour diriger les services administratifs et beaucoup pour surveiller le Délégué? Et la citoyenne générale n'a-t-elle pas pour frères la majorité des membres de la Commune, des comités, des sous-comités, des fédérés? Cluseret redoute le haine de cette immense famille : il y a de quoi !

Puis Beaufort se fait légion. Les Beaufort deviennent aussi nombreux qu'en juin les épis dans les plaines de la Beauce. Paris n'a pas un état-major, il en a vingt, il en a cinquante. La place a son état-major, sous Henry Prud'homme et La Cécilia, chacun pourvus d'un état-major particulier. Dombrowski, Okolowicz, Eudes, Brunel, Lisbonne, Mégy, Durassier ont leurs états-majors. Les moindres chefs ont une suite d'officiers et d'estafettes. Chaque légion a son état-major et chaque état-major est composé de jolis messieurs, en jolis costumes dorés sur toutes les coutures, en bottes vastes et traînant de grands sabres, dont l'apprentissage des armes commencé dans les tabagies du Quartier Latin, dans les comptoirs de nouveautés, dans les salons de coiffure, dans les estaminets honorés de la clientèle des marchands de contre-marques, s'achève dans les brasseries à la mode, chez Péters, à « l'Américain », un peu partout sur les boulevards.

Déclarer à ce brillant corps d'officiers d'élite qu'on le trouve inutile, qu'on ne veut pas qu'il soit, qu'on le dissout, Cluseret ne l'oserait pas ; il s'y perdrait de réputation.

D'ailleurs, on ne l'écouterait pas.

Il a beau proclamer, afficher :

« Citoyens, je remarque avec peine qu'oubliant notre origine modeste, la manie ridicule du galon, des broderies, des aiguillettes commence à se faire jour parmi nous... Travailleurs, ne renions pas notre origine et surtout n'en rougissons pas. Restons vertueux et nous fonderons la république austère..... » Et patati et patata.

En vain il menacera :

« A l'avenir, tout officier qui ne justifiera pas du droit de porter des insignes de son grade, et qui ajoutera à l'uniforme réglementaire de la garde nationale des aiguillettes ou autres distinctions vaniteuses, sera passible des peines diciplinaires..... »

On en rira, certes, on en rira, et comme si de rien n'était l'éloquence de leur général, en dépit du Délégué gêneur, les états-majors continueront d'arborer les costumes flamboyants, les chapeaux à plumes et les bottes à revers, et Beaufort étreindra les flancs de son cheval de ses blanches culottes de peau de daim. C'est le Destin !

D'ailleurs, l'éloquence de Cluseret se trompe ; ses tirades ratent le but. Que lui prend-il de s'attaquer aux travailleurs ? Je voudrais lui crier sa bévue : « Général, ce ne sont pas les travailleurs qui s'affublent d'oripeaux et de fanfreluches, ce sont des sous-bourgeois, singes des bourgeois, pantins du siège ; ce sont les farceurs de magasin et les courtauds de la boutique, les éternels calicots et les impassibles bohèmes. Peu leur chaut de la vertu et de votre république austère : ils rigolent ! »

VI

ARRESTATIONS PLAISANTES. EXPULSIONS DIPLOMATIQUES

Comme on ne peut expulser de vive force les intrus de la Délégation, on usera des ressources de la diplomatie : c'est entendu. On négociera adroitement la retraite de céans de la générale, en lui offrant des compensations légitimes. Par exemple, un nouveau palais lui sera assigné pour résidence ; elle ne consentirait pas à moins au changement d'air qu'il s'agit de lui conseiller en douceur. Les amis de la citoyenne et sa *Maison* la suivront dans ce palais digne d'elle, assez spacieux pour les contenir tous.

Telles sont les bases du traité à intervenir, reste à choisir le diplomate. Une mission aussi délicate exige des ménagements infinis.

Le ministre plénipotentaire doit être persuasif, touchant, élevé, s'adresser au cœur et à la raison de la Citoyenne ; il faut qu'il soit assez connu d'elle pour n'être pas rebuté dès les premiers mots de son protocole. Songez donc ! Si la Citoyenne persistait à rester, refusait de partir, s'appuyait sur la volonté du peuple et se réclamait de la puissance des baïonnettes ! Le point est d'éviter un conflit dont les conséquences seraient incalculables.

A l'unanimité des suffrages, Beaufort est élu.

Pendant que Beaufort parlemente, il est procédé à l'expulsion d'un singulier personnage, le citoyen commandant Romanelli, soi-disant chef du personnel, un méfiant, qui se cache depuis trois jours dans l'un des innombrables casiers du ci-devant ministère.

Romanelli est un ancien, il a une histoire et une spécialité : c'est d'entrer avant tout le monde dans les palais officiels que les Révolutions vident en un clin d'œil. En 1848, il est entré aux Tuileries à la tête du peuple, puis au château royal de Neuilly, et encore..... On ne sait pas où il ne serait pas entré si l'échauffourée du 13 Juin ne l'avait exilé en Angleterre, avec Ledru-Rollin. Le 18 Mars, il a pénétré, bon premier, dans le ministère abandonné, et depuis ce jour mémorable, il règne despotiquement sur une dizaine d'expéditionnaires et de garçons de bureau, avec le titre pompeux et paradoxal de *chef du personnel.*

Ce titre fait bien des mécontents.

J'entends là-dessus des doléances du trésorier du ci-devant ministère M. Fournier, le même qui se tuait, il y a cinq ou six ans, laissant sa caisse dans un déplorable état. Ce M. Fournier est bien le plus accommodant, le plus câlin, le plus complaisant des fonctionnaires. Maintenu à son poste par le gouvernement fugitif, ainsi que le conservateur du mobilier et l'archiviste, M. Camille Rousset, il a probablement pour instructions de tout observer et de ne rien dire : il s'en acquitte à merveille. D'une admirable discrétion, ne questionnant jamais, et plus communaliste en paroles que n'importe quel communaliste, il m'a dit, dès notre première entrevue :

— Je suis avec vous de cœur. J'aime le peuple et je tiens pour le Socialisme. Sous l'Empire, j'ai organisé avec Hugelmann — vous savez Hugelmann, du Nain Jaune ? — la société des Invalides civils ; j'en étais le Trésorier. L'avenir est là.

— Mais vous appartenez à l'administration de Versailles ?

— Pas du tout, j'appartiens au gouvernement, quel qu'il soit. J'en ai déjà servi quatre ou cinq, j'en servirai bien un sixième. Qu'est-ce que cela me fait ? Ma caisse n'a pas d'opinion. Ce Romanelli, et d'autres que je vous nommerai plus tard, ne m'en veulent mie, mais aux beaux yeux de ma cassette. Je ne les crains guère. Le général Cluseret et le colonel Rossel ne voudront pas, j'en suis sûr, congédier un vieux serviteur de l'Etat. Savez-vous que ma famille est casée ici depuis Louvois ?

Depuis Louvois !... Et l'on se priverait d'un trésorier aussi historique ? Que non pas. La révocation de l'ambitieux Romanelli est résolue, et comme ce commandant persiste à régner sur un personnel imaginaire, on l'arrêtera, au nom de la Commune.

Grande nouvelle enfin ! Romanelli est pris, et conduit au dépôt de la préfecture de police. Le commissaire, délégué par Raoul Rigaut, nous conte l'histoire piquante de cette capture. Ça n'a pas été tout seul. Il a fallu chercher deux heures durant le chef du personnel. Ce fonctionnaire était invisible, mais pas assez pour que l'on pût raisonnablement douter de son existence, et l'on n'ignorait pas qu'il était blotti dans un coin du ministère. Dans quel coin ? C'était la question. Sur l'entrefaite, une bonne âme de fédéré, pour tirer d'embarras le commissaire, proposa de calfeutrer les chambres, antichambres, cabinets et bureaux, et, pour l'extérieur, de l'entourer d'un cordon sanitaire d'agents de police, de peur d'une évasion par les gouttières. De cette façon, Romanelli, pris par la famine, aux abois et préférant se rendre à mourir d'une obscure inanition, aurait par la fenêtre supplié qu'on lui fît la grâce de l'arrêter.

Ce projet radical, jugé trop barbare, fut rejeté.

— Nous venons de brûler la guillotine, s'écria un philanthrope, et l'on nous invite à rétablir la torture !

L'objection était de poids. Alors on se mit à pourchasser Romanelli de chambre en chambre, de corridor en corridor, d'escalier en escalier. Il fuyait avec la vélocité d'un chat apeuré et il allait enfin grimper sur les toits et disparaître par une cheminée, lorsqu'une main prompte le saisit aux jambes !...

Le citoyen commissaire est chaudement félicité. Mais Romanelli doit être inconsolable. Hélas ! Infidèle à son passé d'enfonceur de portes, il n'étrennera pas, cette fois, le Dépôt de la préfecture !

Un bonheur n'arrive jamais seul.

Au même instant que le commissaire achève sa narration, Beaufort survient, radieux.

— J'ai réussi, la générale consent. Elle partira tout à l'heure pour le palais de la Légion d'honneur.

Ayant dit, il redescend, et quelques minutes après, on le voit apparaître dans la cour de l'hôtel, au bas du perron. Une dame le suit, à laquelle il tend la main, incliné dans une attitude galante et respectueuse tout à fait talon rouge. Cette dame blonde et svelte est la citoyenne générale en costume officiel. Pour démontrer qu'elle ne cède qu'à elle-même, elle marche lentement, la tête haute, vers sa voiture. Elle jette en passant sur les croisées du cabinet du délégué un regard écrasant de dédain et, leste, enjambe le marche-pied. Beaufort salue une dernière fois, lui baise la main, un coup de fouet enlève les chevaux; tout disparaît dans une poussière glorieuse.

Décidément, c'est un bien beau jour pour la délégation.

VII

ESSAIS D'ORGANISATION

Ce coup de maître est le signal des exécutions : nombre d'employés, d'officiers, éclos au ci-devant ministère, comme champignons après la pluie, inutiles, vaniteux, suspects, démissionnent involontairement, et la délégation est enfin chez elle : elle pourrait travailler.

Elle pourrait travailler et certainement elle en a l'intention. Mais que ferait-elle, sinon organiser, discipliner, commander, recommencer, en un mot, les odieuses rengaines du militarisme? Et quelle organisation tenter en pleine tempête d'anarchie et de guerre civile, quand les meilleures boussoles sont affolées, et que tout flotte et divague ? O illusion! Ne pas voir que les fédérés sont déjà logiquement organisés, que l'on ne changera rien à cette organisation-là, dût-on la trouver dérisoire et l'appeler désordre et confusion, car le désordre et la confusion sont de l'essence même des troupes volontaires sous des chefs librement élus, c'est-à-dire soumis à leurs subalternes.

Rêver de discipliner cette fantasia guerrière, de hiérarchiser ces égaux, n'est-ce pas vouloir qu'une révolution populaire ne soit plus une révolution populaire ?

Et commander ? La belle lubie ! Commander quoi ? Commander à qui ? Lorsque tous les commandements possibles sont faits, et qu'il y a autant de fédérés capables de commander qu'il en est de capables d'obéir, chacun d'eux, fier d'une légitime indépendance, n'obéissant qu'à lui-même, où sont les oreilles pour entendre de nouveaux ordres ? Où sont les bras pour leur obéir ?

Cependant on se berce dans ces rêves, on s'entretient dans ces illusions, sans comprendre que l'on fait de la sorte œuvre de réaction, de résistance coupable envers la Révolution socialiste.

Nos besognes sont définies et partagées : d'un côté seront les aides de camp, de l'autre les secrétaires. Ceux-ci rédigeront, copieront les ordres que ceux-là porteront. En sus de mes fonctions, je distribuerai les pièces de cent sous que l'excellent père Fournier m'apporte hebdomadairement dans une sacoche : il ne m'est pas interdit de solder au fur et à mesure les services rendus. La solde est fixée au taux uniforme de cinq francs par jour ; seuls Rossel et Séguin touchent dix francs, Cluseret est gratuit.

L'emploi de secrétaire n'est pas une sinécure, tant s'en faut ; s'il ne rédige guère, il copie abondamment. Cluseret a la prose facile du journaliste ; il écrit, il écrit sans jamais se lasser et les secrétaires copient, copient, non sans bâiller un peu : des rapports, des projets, des plaintes, des ordres, des exhortations, des proclamations, un torrent d'éloquence à submerger la garde nationale ! Ah ! si les fédérés, grands liseurs d'affiches, obéissaient à celles du général ! Tout en irait mieux. Mais ils lisent et n'obéissent pas, les malheureux !

Que de paroles touchantes, de beaux développements oratoires, copiés en belle anglaise, imprimés sur papier blanc, qui ne produisent nul effet sur les masses :

« ... Depuis quelques jours, il règne une grande confusion dans certains arrondissements; on dirait que des gens payés par Versailles prennent la tâche de fatiguer la garde nationale, de la désorganiser.

« Nous sommes forts, restons calmes. »

« De dix-sept à dix-neuf ans (à la demande générale) le service est facultatif; de dix-neuf à quarante ans, il est obligatoire, marié ou non... »

Et cela n'amène pas un combattant de plus sous le drapeau rouge. Ce sont toujours les mêmes, une poignée de vaillants, fanatiques ou condottière de la Révolution, anciens insurgés ou anciens soldats, qui risquent leur peau à Neuilly, à Asnières, au Point-du-Jour, à Issy, à Vanves ! Les trois quarts et demi de la garde nationale ne retiennent des conseils du général que cette phrase énergique : Nous sommes forts, restons calmes ! Ils restent calmes, en effet, bien calmes, chez eux, attendant les événements, exacts seulement à répondre à l'appel de leurs noms aux heures de paie, de distribution... Dam! puisqu'ils sont forts !...

Vainement la sollicitude de la délégation s'étend aux plus infimes détails :

« Tous les jours, un échantillon de deux décilitres de vin consommé dans un des casernements ou campements de la garde nationale sera fourni au ministère de la guerre (cabinet du délégué). Le sous-chef d'état-major fera prendre cet échantillon tantôt dans un poste, tantôt dans un autre » (ordre du 22 avril).

Cependant les casernes préparées avec amour pour des cadres réguliers demeurent à peu près vides, et le nombre des délégués de légion, de bataillon, de compagnie, de secteur, de bastion augmente sans cesse.

Oh ! ces délégués ! ils sont terribles ! Onze heures sonnent : les voici. Ils s'avancent, la mine soucieuse, le front chargé de réclamations, ils vont parler, au nom du peuple !

Impossible de leur échapper, ils débordent l'huissier, ils envahissent le cabinet et le cauchemar du commandant Séguin commence.

VIII

UNE JOURNÉE DE LA DÉLÉGATION

Plus tard, pendant les loisirs de l'exil, dans la *Fornightly Review,* le brave et spirituel sous-chef d'état-major de la délégation a plaisamment décrit son supplice. L'article traduit, vendu en brochure aux galeries de l'Odéon, chez Chelu, est intitulé : *Le Ministère de la guerre sous la Commune*. Et voyez, mon supérieur parle comme son subordonné :

« Jusque vers onze heures du matin, il était possible de travailler. De ce moment jusqu'à sept heures du soir, les bureaux étaient envahis par des députations d'officiers qui venaient protester contre les généraux, de soldats protestant contre leurs officiers, de candidats malheureux protestant contre les élections, d'élus protestant contre les protestations. Il fallait essuyer des demandes insensées, des harangues saugrenues et répondre à toutes ces billevesées par des billevesées de même calibre. Coureurs de places, mendiants, inventeurs glissant entre les jambes des huissiers, nous accablaient de leurs réclamations, de leurs misères, de leurs découvertes que, naturellement, on ne pouvait repousser sans commettre la plus noire trahison. Un des plus curieux était à coup sûr celui qui voulait absolument que je misse un théâtre en réquisition pour y faire chanter son fils, « un garçon qui chante la *Marseillaise* que ça vous fait passer un frisson ».

Pauvre commandant !.....

Mais il n'est pas le seul officier de l'état-major général que les délégués aiguillonnent, harcèlent, surmènent; les aides de camp et les secrétaires passent le meilleur de leur temps à les calmer. Les salons du cabinet bruissent du matin au soir d'un concert incessant de voix hautes, âpres, tonnantes, éclatant comme les sons d'un orchestre de cuivres sur un accompagnement en mode mineur de voix adoucies, persuasives, apaisantes, pareil à la molle sourdine des violons et des petites flûtes : ce sont les propos que, sans trêve possible, échangent les délégués toujours impérieux et les officiers toujours conciliants.

Misère de la conciliation ! Les paroles raisonnables coulent, comme du miel, des lèvres des officiers : ils invoquent l'ordre, la discipline, la hiérarchie : des souvenirs ! Ils cherchent à remettre en place hommes et choses dévoyés : ce beau zèle inutile leur nuit. Les tenaces importuns, que la politesse indispose et que les grands mots offusquent, flairent un piège des Versaillais sous ces manières de l'ancien régime ; alors ils prennent racine sur le tapis, refusent obstinément de s'acheminer vers la porte de sortie.

A moins pourtant qu'on ne consente à signer le petit papier qu'ils tirent de leurs poches : réquisition, ordre ou autorisation utile au succès de leurs petites affaires.

Des dialogues extraordinaires se nouent, se corsent, s'enveniment, atteignant le diapason suraigu.

A l'égal de mes collègues j'ai charge d'écouter et de répondre : que de singuliers personnages défilent devant mon bureau :

— Alors, lieutenant, me dit un jeune homme à rouflaquettes, vous me refuserez le droit de tenir une cambuse dans le fort de Montrouge ? Puisque je vous dis que cela ferait vivre ma femme !

— Mais, citoyen, cela ne me regarde pas. Demandez au commandant du fort.

— Mais, lieutenant, puisqu'il ne veut pas ?

— C'est qu'il a des motifs de ne pas vouloir. Nous n'y pouvons rien.

— En ce cas, faudra donc que j'aille parler à la Commune ?

— S'il vous plaît, citoyen.

A un autre :

— Lieutenant, je viens vous demander un ordre de réquisition pour trois voitures de place, une charrette, un haquet et deux omnibus.

— De la part de qui, citoyen, et pourquoi faire ?

— De la part du général Dombrouski,

et pour transporter à Neuilly des vivres et des armes.

— Cela n'entre pas pas dans nos attributions; adressez-vous à l'intendance, à côté.

— Mais, lieutenant, on m'a dit à l'intendance de m'adresser au ministère.

— C'est une erreur, Avez-vous un ordre écrit du général ?

— Non... Je ne savais pas.

— Il faut en avoir un et retourner à l'intendance.

— J'aime mieux réclamer à la Commune.

— A votre aise, citoyen...

A un autre.

L'autre, c'est souvent un artilleur délégué par une batterie au feu, qui manque de cartouches pour ses pièces ou de pièces pour ses cartouches. Tandis que les canons sont ici, le projectiles sont là-bas, et pour mettre les uns en rapport avec les autres, on ne saurait imaginer ce qu'il en coûte d'ordres et de contre-ordres, de marches et de contremarches, d'allées et de venues. C'est un continuel, un inextricable chassé-croisé, entre deux pouvoirs rivaux qui se jouent des niches meurtrières : la direction et l'administration de l'artillerie. Ce que veut la direction, représentée par le colonel Marin, lieutenant de Cluseret, le Comité Central, en haine des « prétoriens », le travestit ou le défend, si bien que les projectiles de 7 vont aux pièces de 12, ceux de 4 aux pièces de 7, ceux de 12 on ne sait où..... et qu'au moment de charger les mitrailleuses, les artilleurs puisent dans leurs caissons des paquets de balles..... chassepot. Ainsi, dans les féeries, des pistolets braqués sur un adversaire aimé d'un bon génie, s'épanouissent soudainement en tout cas. Des prodiges de ce genre causent chaque jour la mort des braves gens qui s'aventurent sous la protection fallacieuse de cette artillerie à la Claiville ; ils effraient, chassent les timides du champ de bataille.

C'est égal... les *prétoriens* sont joliment vexés!

A d'autres encore, à d'autres !

Des femmes déterminées, conduites par la princesse Dmitrief, superbe de beauté et d'audace, sollicitent l'honneur d'être formées en bataillon pour défendre « leurs frères ». Vite, une harangue :

« C'est bien, citoyennes, votre demande est accueillie. Vous serez enrégimentées, vous porterez un uniforme. Nous rendons hommage à votre dévouement sublime, digne des Romaines de la République et des grandes héroïnes de la Révolution ! »

A leur tour, de jeunes citoyens de quatorze à seize ans, non compris dans l'arrêté du général Cluseret, voudraient entrer dans la carrière où s'illustrent leurs aînés, combattre aux endroits les plus périlleux, à côté de leurs pères et de leurs frères. Ils demandent un titre, un uniforme distinct, des chefs.

Ces jeunes gens sont écoutés : ils deviendront les *Vengeurs de Flourens*, de tuniques bleu-ciel habillés, les *Turcos de la Commune*, semblables par la tenue aux turcos d'Afrique, les *Pupilles de la Commune*.

Qu'ils soient les bienvenus, ces candides volontaires, car les désertions se multiplient, se dénoncent effrontément.

— J'abandonnerai les forts, si l'on ne m'envoie pas des renforts, déclare un général.

— Ma légion ne marchera plus, affirme un colonel de Belleville.

— Mon bataillon refusera le service, avoue un commandant de Montmartre.

Et tous les trois, unanimes :

— Les arrondissements doivent aller au feu à tour de rôle. Nous avons fait notre devoir, aux autres de faire le leur.

Et baissant la tête sous les récriminations justifiées, mais impuissantes, on leur dit :

— Vous avez raison, citoyens, à chacun son tour! Et puis? Contraindrons-nous à affronter les obus versaillais des hommes résolus de rester chez eux? Quels soldats feraient ces poltrons? Par combien d'issues ne s'enfuiraient-ils pas des rangs? Quel trou serait assez petit pour les retenir? Quelle trame assez serrée pour les empêcher de passer? Avons-nous le temps, le moyen de former une gendarmerie prévôtale capable de barrer la route aux fuyards et aux déserteurs? Les perquisitions à domicile ont rempli les magasins d'armes et de munitions, tous les bataillons fédérés sont équipés en guerre, en sont-ils plus belliqueux? Hélas! Hélas! La générale ronflant à toute heure sur la peau d'âne des tambours frappés à tour de bras ne réveille plus de leur somnolence les tranquilles Batignolles, les vides faubourgs Saint-Germain, Saint-Honoré, de la Chaussée-d'Antin; Saint-Antoine même, le grand Saint-Antoine, inégal à sa renommée, répond mollement à la voix du canon d'alarme — et que peut-on espérer du Temple, du Marais silencieux? Seuls, Belleville, Montmartre, La Villette, Grenelle, La Glacière — faubourgs immenses fourmillant d'ouvriers sans ouvrage... mais voici qu'ils sont bien las, bien découragés, les soldats de ces vastes camps de la Commune!

Patience donc, encore patience, en attendant la réorganisation des légions, l'exécution des plans, fort beaux sur le papier, où s'alignent en chiffres serrés les effectifs des régiments de marche problématiques et les vagues réserves conçus par l'imagination hardie du colonel Rossel, calculés et répartis par un certain colonel Méyer avec une lenteur suspecte!

La journée s'écoule ainsi, dans un débit intarissable de paroles stériles, entre les plaintes amères et les sollicitations saugrenues qui fondent de toutes parts sur la Délégation et de là, toujours alertes, s'envolent, vont tomber dans les oreilles propices de tous les pouvoirs que Paris renferme. Car il n'est jamais défendu à l'adroit solliciteur d'obtenir des uns ce que les autres ont refusé. Libre à lui de colporter de place en place sa chère demande, de courir jusqu'au succès final de délégation en délégation, de la guerre aux finances, de la police aux postes, de l'intendance à la Monnaie, du Comité Central à la Commune, de la Commune dans les vingt mairies et dans les quatre-vingts quartiers de Paris, de l'un des innombrables comités de ces quartiers et de ces mairies dans le comité suivant, de risquer, enfin, un pied, un geste, un œil, un sourire et une parole en tous lieux où il est fait usage du *Timbre humide !* O timbre humide, quelle vertu réside en ton encre multicolore ! S'il est de convention invariable et de règle fixe entre tous les hommes influents du 18 Mars que chacun d'eux se mêlera principalement de ce qui ne le regarde pas, du moins tous sont d'accord sur la puissance magique du timbre humide! Noir ou bleu, jaune ou rouge, vert ou violet, le cachet officiel a la propriété de changer instantanément un morceau de papier en un talisman irrésistible. Et comment, sous quel prétexte refuser un coup de cachet à un ami, à un frère?

Rossel même, Séguin, plusieurs encore ne se font pas scrupule d'apposer le cachet ministériel sur le laissez-passer que leur présentent des camarades d'autrefois, officiers, soldats de l'armée régulière, venus à Paris pour voir de près la Commune, flairer ce dont il retourne, patriotes troublés, attirés par l'espérance ambiante d'un retour offensif sur l'Allemand, et déjà déçus, attristés, pressés de rejoindre leurs drapeaux.

Du moins cette complaisance ne va pas sans précautions morales.

— Vous nous jurez, messieurs, que vous ne combattrez pas la Commune?

— Nous vous en donnons notre parole d'honneur!

Et sur le seuil du cabinet, en échangeant une dernière poignée de main, ils ajoutent à leurs adieux :

— Croyez-nous, citoyens, vous êtes perdus. La Commune ne peut pas être sauvée.

Retirez-vous de la bagarre, hâtez-vous avant la chute qui vous écrasera tous !

— Nous resterons !

IX

NOUVELLES FIGURES

Nous resterons !

Et cependant l'enthousiasme se refroidit, la foi s'en va ! Même les illuminés de la délégation commencent à se douter qu'il ne sera pas aussi facile qu'ils l'imaginaient d'arriver jusqu'aux Prussiens, en passant sur le ventre des Versaillais. Mais quoi ? on est là, on y reste, et pour faire quelque chose, on militarise un peu.

Le colonel Méyer, un petit blond, replet, de figure flegmatique et germanique, très en lunettes, sous prétexte d'organiser des régiments de marche, destinés à forme des « unités tactiques », désorganise les fidèles légions avec une rare perfidie, et, Rossel ayant résolu de « corser » son état-major, on vient de nous présenter le citoyen capitaine Tourette, un gars à poil, paré du titre supplémentaire *de capitaine instructeur des officiers de l'état-major général !*

Les novices auront affaire au citoyen Tourette. Il les dressera aux hardiesses de l'équitation, les théorisera ferme ; à lui de leur apprendre le service en campagne, l'exercice, l'escrime et à saluer militairement, « les deux talons sur la même ligne, les coudes au corps, une main à la visière du képi, l'autre à la couture du pantalon ».

Maigre comme un coucou, noir comme une taupe, roulant des yeux féroces sous des sourcils menaçants, et sanglé dans sa tunique dorée comme un saucisson de Milan, il n'a certes pas la mine d'un instructeur pour rire et il en impose à nos blancs becs.

Qui m'expliquera pourquoi ce matamore, tombé là comme une bombe, ne me revient pas, ni à plus d'un ? A le regarder sans qu'il s'en doute, je lui trouve l'allure d'un faux grognard, ses yeux féroces ne sont pas francs, il est vraiment trop noir pour ne l'avoir pas fait exprès, et je verrais soudainement choir ses poils de sanglier et tomber son nez aquilin, que je n'en serais pas étonné outre mesure.

Mais l'admirable gascon !

Sous son active impulsion les réformes se précipitent.

D'abord, on va nous donner un uniforme spécial : un tailleur érudit nous a composé, d'après des modèles de l'an III, un costume révolutionnaire, à passementeries, parements et revers bleus, blancs, jaunes et rouges ; nous ressemblerons à des aides de camp de Hoche ou de Marceau, comme le théâtre du Cirque Olympique en exhibait jadis, ou, si l'on veut, à des perroquets des Iles.

Puis, comme nous prenons nos repas au petit bonheur, et le plus souvent au restaurant de Sainte-Clotilde, où l'on a pour trente-deux sous trois plats au choix, le pain à discrétion, le dessert et la demi-bouteille, le citoyen Tourette décide la formation d'un « mess », afin de nous avoir sous la main. Il n'en coûtera guère : un supplément de solde quotidien de deux francs par convive. Un bureau se change en salle à manger et la popote s'installe, servie, abondante et saine, peu délicate, par des gardes nationaux sans préjugés égalitaires, et mangée au retentissement des bigrrrrre et des crrrrre nom! du citoyen capitaine Tourette. Ce méridional sonne les *r* d'une manière surnaturelle.

Nos propos de table, pour la jubilation et l'animation, en valent d'autres. Ceux-là racontent leurs bonnes fortunes, car toujours hypnotisées par l'uniforme, les femmes, il paraît, ne sont pas cruelles aux officiers de l'état-major général, et nos officiers ont hérité des maîtresses des « *autres* ». Ceux-ci vantent les attractions musicales et dansantes de la dernière soirée à gâteaux, champagne et liqueurs variées de la générale ou des frères May. Vive la bagatelle! Que voulez-vous? Il faut que jeunesse se passe et l'on n'a pas encore eu le temps de se coller sur le visage le masque de l'austérité civique.

Un bon drille, un joyeux convive, à figure rougeaude comme un pampre mûr, c'est, entre tous, le citoyen Chouteau, membre du comité central, *délégué aux écuries du ci-devant ministère*. Chouteau gouverne une équipe de palefreniers et veille sur les chevaux de l'état-major avec la pure sollicitude d'un sportsman. Tous ses jours sont marqués par des chevauchées ; il connaît tous les chevaux, et les monte tour à tour ; le cheval pie après le cheval bai, l'arabe sinon le mecklembourgeois, l'anglais ou le normand. Homme heureux, il boit, mange, rit, blague, caracole, avec une parfaite insouciance. D'ailleurs, d'une politesse et d'une complaisance invraisemblable, humble devant les galons, les chamarrures, respectueux de la hiérarchie que ce brave ouvrier socialiste a tout de suite acceptée, sans broncher, comme un fonctionnaire bourgeois.

Citoyens, nous annonce un matin le délégué aux écuries, je vous présente le citoyen commandant Guérike, *organisateur de la cavalerie de la Commune*, qui veut bien déjeuner avec nous.

Guérike ? Ai-je bien entendu ? J'ai connu de

ce nom-là, un sous-officier des voltigeurs de la garde impériale, un peu fou, un peu fat et candide ; serait-ce, par hasard, lui-même ? Eh mais oui ! Guérike, fatigué des lenteurs de l'avancement, des préférences accordées aux jeunes gens de « famille », a cherché fortune dans l'armée de la Révolution. Mais, par quel merveilleux enchaînement de circonstances ce fantassin est-il devenu le Carnot de la cavalerie de la Commune ? Un Carnot en grosses bottes d'écuyer, à longs éperons. Un Carnot à quatre galons d'argent, très en vue ?

Tiens ? toi ? ici ?

Il daigne me reconnaître, me serrer la main, non plus avec la simple cordialité d'autrefois : le commandant organisateur garde ses distances, son abord affable reste digne, je devine qu'il va m'offrir sa protection.

Nous causons, et l'âme de Guérike, nourrie de rêves, abreuvée d'illusions, se révèle à moi aussi folle, aussi infatuée, aussi candide que dans sa prime jeunesse. Il me dit ce qu'il a fait depuis la sortie du régiment : triste et banale odyssée ! Un peu instruit de toute sorte de choses, qui ne servent à rien, lors même qu'on les sait complètement, il a souvent, employé sans emploi, battu le pavé dur et glissant de Paris. Il a connu la misère des petites maisons de commerce où l'on ne paie pas les plus lourdes tâches, et l'avarice des grandes où on les paie à peine d'un morceau de pain. Il a siégé dans des bureaux fallacieux, où la caisse était un coffre toujours vide, et moisi dans les sous-sols de vastes bazars où le gaz, allumé du matin au soir, lui flambait la cervelle, pendant que des colonnes de chiffres dansaient sous ses yeux. Aussi, venue la guerre, il est parti, pour réussir ou mourir; il s'est battu, il a été blessé deux fois, deux fois cité à l'ordre du jour; il allait enfin être promu sous-lieutenant quand il s'avisa, le 18 Mars, de parlementer, entre deux barricades, avec un chef d'insurgés.

— Et voilà! Je suis trop Parisien pour suivre mon régiment à Versailles, Parisien de père en fils, entends-tu? Je connaissais les frères May, ils m'ont fait nommer capitaine, puis commandant. Nous formons une cavalerie légère. Viens me voir à mon bureau : mon nègre aura la consigne de te laisser passer.

— Tu as un nègre ?

— J'en ai même deux ; deux solides plantons, je te jure.

— Je te félicite.

— Oui, la carrière s'annonce bien : après la victoire, j'espère être nommé colonel.

— Colonel ??

J'avoue que je ne m'attendais pas à celle-là. Colonel après la victoire ! Mais, après la victoire — étrange espérance ! — nous n'aurons plus qu'à rentrer chacun chez nous. Soldats improvisés de la Révolution sociale, notre rôle doit finir avec la bataille.

J'ai pensé tout haut : Guérike me contemple avec une indicible stupéfaction.

Il paraît que je ne suis pas dans le mouvement, pas du tout.

Et quand ses esprits sont plus calmes :

— Ça, me dit-il, rêves-tu ? Tirons-nous les marrons du feu pour que Bertrand revienne les croquer ? Pas si naïfs ! Je compte certainement

4.

garder mon grade et mon poste. A chacun son tour; voilà la justice !

— Avant de répondre, je consulte du regard la tablée; elle ne m'approuve pas. Insister serait ridicule; je me tais à propos, et, me voyant, honteux et confus, baisser le nez sur mon assiette, mes camarades prennent mes objections pour une grave plaisanterie. Je passe pour un comique sérieux.

— Est-il assez farce, ce sacré lieutenant !

Qui a dit cela, d'une voix canaille de camelot faubourien ? C'est aussi un extra, un officier d'administration, dont la tête, du type youtre le plus accentué, ne m'est pas inconnue. Je ne sais plus s'il se nomme Abraham, Samuël ou Lévi, mais je l'ai, parbleu ! rencontré dans un régiment de ligne, où il jouait au code militaire les tours prodigieux que ses pareils jouent aux codes civil ou pénal. Le voilà, ce drôle, pour avoir, avec l'adresse d'un singe, esquivé la sellette des conseils de guerre, cent fois méritée, le voilà devenu fonctionnaire de l'intendance, commis des frères May, et la main, comment donc? les deux mains dans la caisse des vivres ! Ses doigts crochus en frétillent d'aise, ses yeux d'usurier brillent comme l'or qu'il palpe et qu'il empoche, et sa bouche a déjà le pli de l'insolence du juif parvenu !

Je me sens humilié du répugnant voisinage de cet individu, et je m'en plaindrai.

A qui ?

J'y songe, puis une réminiscence classique, un vers de Racine, mélodieuse ironie me traverse mes réflexions, je murmure :

Voilà donc quels vengeurs s'arment pour ta querelle !.....

O Socialisme !

X

LA RUE

Non, la Révolution sociale n'a pas ici de serviteurs conscients et dévoués! Pour les uns, qu'une chimère range à son ombre, le Drapeau Rouge, rival du drapeau tricolore déshonoré par les capitulations, guide le peuple à la revanche de la Patrie. Cluseret, Rossel, Séguin, Jules et Georges Renard [1] que leur savoir universitaire défend contre les séductions de l'utopie, souriraient de pitié si on leur disait qu'ils servent les principes de l'Internationale le Mutuellisme de Proudhon, le Communisme Karl-Marx ou le Nihilisme de Bakounine. Eux les soldats de l'humanité, les apôtres de la fraternité des peuples, ils ne le croiraient pas !

[1] Je me trompe à l'égard de Georges Renard. Mon noble ami, dégagé du scepticisme normalien, a publié récemment, dans la *Revue socialiste*, de remarquables articles, où sont abordées nettement les hautes questions de Justice sociale.

Pour les autres, cerveaux où germent les vanités niaises ou les passions banales, le Drapeau Rouge est un étendard comme un autre.

Mais ailleurs, dans les quartiers laborieux et pauvres, la Révolution sociale soulève peut-être des milliers de soldats ardents. Elle y est peut-être l'unique pensée de toutes les têtes, le seul battement de tous les cœurs. Là, elle doit échauffer à sa flamme toutes les volontés, susciter tous les courages, briser toutes les résistances. Ouvrier de Paris, héros légendaire des barricades, n'es-tu pas, comme en juin 1848, fidèle à ta sainte mission, prêt à verser jusqu'à la dernière goutte de ton sang pour la Justice ?

Et pour m'assurer que je ne me trompe pas je m'en vais par les rues populeuses.

Au Marais :

Dans cette ruche immense — en temps normal — où bruissent, se frôlent, se cognent, se parlent, hâtifs et réjouis, le matin, à midi et le soir, les habiles artisans de l'article Paris, plane un silence, non de mort, mais de recueillement. Les grandes maisons de commerce et d'industrie que l'action lente du temps a installées dans les hôtels aristocratiques du XVIIe siècle, ont sans défiance portes et fenêtres ouvertes. Çà et là, des hommes de peine, comme des ombres, nettoient, disposent, ordonnent les locaux pour la production prochaine.

Visiblement, personne au Marais ne pense à la Sociale !

Autour du Marais :

Les rues affairées Saint-Martin, du Temple, Rambuteau sont comme à l'ordinaire, fébriles. A la symétrie des étalages, on voit que le souci de la guerre civile ne trouble pas les habitudes, n'inquiète pas les intérêts des marchands. Pour ne pas braver les décrets de la Commune sur le service militaire obligatoire, les patrons et les employés ont prudemment remplacé la casquette de soie traditionnelle par le képi du garde national. Paisibles et vifs s'agitent les commis. La pratique, à peine plus bavarde que s'il ne s'agissait pas d'un second siège, glose sans passion sur les nouvelles du jour. Des voix perçant les oreilles, crient le *Mot d'ordre,* le *Vengeur*, le *Cri du*

Peuple, le *Père Duchêne*, et l'on achète, on lit, d'aucuns tout haut, le *Mot d'ordre*, pour l'article amusant de Rochefort; le *Vengeur*, pour les tirades de Félix Pyat; le *Cri du Peuple*, pour le mot peuple; le *Père Duchêne* pour « sa grande colère » que personne, ni lui-même, n'éprouve, et pour ses « bougre » et ses « foutre », grossièreté simulée, qui fait rire.

Ecoutez : une musique retentit, s'avance ; on se pousse aux portes pour voir. Et comme cette musique triomphale escorte des cantinières, des ambulancières, des gardes fédérés, glapissant l'aumonière ou le tronc des pauvres à la main : *Pour les blessés de la Commune, citoyens!* tant pour le plaisir pris à la fanfare que par compassion naturelle, on laisse tomber les gros sous dans l'escarcelle des dolentes quêteuses.

Cherchons plus loin, au delà des boulevards, la Révolution sociale !

Les vastes faubourgs ouvriers, par lesquels on s'achemine lentement vers la Butte Montmartre ou la Butte Chaumont, ces Monts-Aventins de Paris, ont le mouvement insolite, tumultueux et triste, des cités industrielles, quand la grève est déclarée. Des restes de barricades hérissent les longues monotones rues Saint-Maur, Oberkampf, Amelot, de Charonne, Popincourt, du Faubourg du Temple. Entre les usines, les fabriques délaissées, des patronets ont rouvert leurs modestes ateliers où s'occupent trois ou quatre compagnons. Le peuple vit dans les rues, se mêle, flâne, discute, dispute, tue le temps. Pour ces milliers d'hommes habitués au maniement quotidien de l'outil, qui gagne le pain, un chômage, dont la famine n'est pas la conséquence, est aussi pénible à supporter que si la misère noire en résultait. Quoi qu'on en dise, la ration de pain et de vin, les trente sous, la sportule civique blessent leur fierté. La plupart, en uniforme, regardent avec envie passer les heureux qui ont repris la cote bleue ou la blouse blanche. Pas n'est besoin d'avoir l'oreille fine pour saisir à la pipée les paroles que deux camarades, l'un garde national, l'autre « embauché », échangent rapidement :

— Bonjour X..., tu es donc rentré chez le singe ?

— Oui, il y a un peu de travail en ce moment, on fait la demi-journée.

— Veinard.

— Et toi ? Toujours au bataillon ?

— Faut-bien ! (*Avec regret :*) Rien à faire encore ! je t'assure que si j'avais le choix...

— Patience ! Ça ne peut durer.

— Il ne serait pas trop tôt que ça finisse !

Ainsi parle le soldat fédéré au déserteur du Drapeau Rouge. Son état lui semble un pis-aller un « métier de fainéant ». Eh quoi, ne sait-il pas qu'il défend la cause sacrée de la Justice et du Droit, sa propre cause ? Qu'il combat pour l'émancipation du salariat, dernière forme de l'esclavage, pour assurer à tous le bien-être et la dignité morale par le travail librement consenti et l'abolition de toutes les contraintes ? Allez ! s'il n'ignore pas ces hautes visées du Socialisme, il ne les comprend guère, il sent d'instinct qu'elles ne peuvent se réaliser de son vivant. Son éducation de pauvre assujetti à la puissance absolue de l'argent lui interdit l'espérance, son bon sens soumis à la tradition repousse l'utopie, son froid cerveau est rebelle à l'enthousiasme, et sa gouailleuse légèreté ne lui permet ni les graves pensées ni les suprêmes dévouements sans réserve et sans calcul. Si je lui représentais qu'il est noble encore de rester sous les armes et lâche d'abandonner la Commune, il me riait au visage !

Seuls, les vieux, que pour leur âge on va chasser de l'atelier, qui vont traîner dans l'indifférence et le dénuement un reste de vie souffreteuse, et mendier l'assistance publique pour ne pas mourir de faim, retrouvent, en songeant à l'effroyable misère des choses, un peu de vigueur pour la lutte de classes.

Ces décrépits sont les solides soutiens de la Révolution sociale !

Les cabarets par leurs portes et leurs fenêtres ouvertes à la tiède atmosphère du printemps, laisse voir des fédérés attablés pour le jeu, ou, debout au comptoir, trinquant « sur le zinc ». Bras ballants, tête vide, on s'offre mutuellement des consommations, moins pour le plaisir de boire que pour écouler les heures oisives.

Sur les grandes places, dans les solitudes de l'enceinte, autour de la Butte-Chaumont, autour et sur les flancs de la Butte-Montmartre, des escouades de Fédérés assistent aux parties de boule, de bouchon, de loto, aux escamotages des bonneteurs. Un public de femmes et d'enfants désœuvrés s'intéresse à ces hasards. Assez souvent le clairon ou le tambour appelant aux distributions de vivres, à la solde ou aux armes, disperse ces groupes, qui se débandent paresseusement.

Que les Monts-Aventins du prolétariat sont mal gardés ! Espions de M. Thiers, que votre tâche est facile ! Qui veut gravir la Butte célèbre le peut sans mot de passe. Pas de fossés, de tranchées, de gabions aux approches de cette position, dont l'on s'exagère la force, parce qu'en effet on eût pu la rendre aisément si redoutable ! Elle n'arrêterait pas une heure l'ennemi victorieux. Près des fameuses batteries, *casus belli* du 18 mars, une sentinelle crie pour la forme : Qui vive ? — mais n'empêche de tout voir. Les canons, en petit nombre, dans leurs embrasures de terre, ont le cou tendu vers le nord-est et l'ouest, comme pour foudroyer les Batignolles et l'Opéra. Où sont leurs munitions ?

Les défenseurs de la Commune s'embusqueraient, en cas de surprise, dans les jardins dont les vieux murs sont déjà percés de meurtrières pour les fusils et les mitrailleuses.

Mais qui défendra la Commune, à son agonie ?

La Révolution sociale ne hante pas non plus la Butte-Montmartre !

Cependant la nuit tombe, enveloppant, roulant dans un crêpe funèbre ce tableau de guerre civile qui, dans l'ombre, devient lugubre. Paris, devant moi, s'illumine, comme un gigantesque bouquet de lumières, un lustre prodigieux. Sous l'influence des décourageantes enquêtes de ma journée, j'ai comme une vision de ce que la ville splendide sera bientôt. Je pressens l'affreux carnage prochain, les massacres furieux, les fusillades sauvages ; je respire l'odeur fade, nauséabonde du sang versé à flots, imbibant le pavé, ruisselant dans les rues, marbrant la chair verdâtre des milliers de cadavres troués de plaies et abandonnés à l'insulte dérisoire des foules infâmes.

Ah ! si cela devait être ! si ce large et pitoyable effort du Socialisme devait aboutir à cette monstrueuse hécatombe !

Dans les rues, les impasses ignobles avoisinant la place Saint-Pierre, les cabarets s'emplissent, les filles rôdent. Des refrains stupides, comme le *Sire de Fich'ton Camp* ou *Vous vous trompez, Français vous avez tort!* amusent les buveurs qui le répètent sur un ton baroque, aviné.

J'avise, dans une ruelle, près du boulevard extérieur une porte au-dessus de laquelle une lanterne est accrochée, lumineuse enseigne ! C'est l'entrée d'une salle de réunion publique où plus d'une fois, sous l'Empire, je me suis grisé des véhémences populaires. Aujourd'hui les clubs sont rares, peu fréquentés : le peuple étant devenu le maître ne sait plus quoi se demander à lui-même. Celui-ci comprend une centaine d'assistants, pressés contre une estrade qui sert de tribune. Des fédérés, des bourgeois, des femmes écoutent, très calmes, et j'écoute aussi des paroles dénuées de passion de sens et de vérité.

— « J'arrive de la Province déclame un orateur. Citoyens, la Province est avec nous. L'infâme Thiers, l'immonde Jules Favre, Jules Ferry-famine et leurs préfets ne parviennent pas à la tromper. Elle ne laissera pas écraser Paris par les gendarmes de Badingue et les Zouaves du Pape. Au dernier moment, elle se soulèvera, s'il le faut. (*Bravo !*) Citoyens, j'ai vu une ville de l'Ouest, Angers, où M. Thiers a demandé des volontaires, et savez-vous combien il en a obtenu? Tout bonnement cinq! Cinq qui? Cinq gendarmes. (*On rit aux éclats.*) Quant aux Prussiens rien à craindre d'eux ! Peu leur importe que ce soit la Commune ou l'assemblée des ruraux qui gouverne la France, pourvu qu'on leur paie l'indemnité de cinq milliards et qu'on leur cède l'Alsace et la Lorraine ! (*Rumeurs de réprobation l'orateur se trouble, puis criant plus fort :*) D'ailleurs, si par trahison, les généraux capitulards forçaient les portes de Paris, croyez-le, les soldats que l'on trompe, que l'on fait marcher à coups de crosse contre nous, les soldats, comme au 18 Mars, tireraient plutôt sur leurs chefs que sur leurs frères ! (*On applaudit avec transports.*)

Les soldats ne tireront pas sur leurs frères !...

Ils croient cela, les insensés ! De là leur sécurité imbécile. C'est pour cela qu'ils se laissent inscrire sur les contrôles de l'armée révolutionnaire et qu'ils restent chez eux, indifférents à la guerre sociale.

Un autre orateur, très jeune, le visage pâle et fin dans un cadre de longs cheveux châtains, l'air inspiré, la parole tranchante et savante, parle des moyens de défense de la Commune, et il en cite de terribles. A l'entendre des laboratoires préparent secrètement des engins de destruction, d'une puissance illimitée. Sous les pas des envahisseurs, s'il arrivait qu'ils franchissent l'enceinte, des quartiers, ruinés de longue date, sauteraient et les enseveliraient. Qu'ils le sachent bien ! C'est parce que la Commune est invincible qu'elle repousse toute conciliation, c'est-à-dire tout compromis avec les ennemis du peuple.

Et ce jeune, très jeune homme, esquisse un tableau de l'idéale Commune. Elle fera de la formule : Liberté, Egalité, Fraternité, une réalité sublime. Elle prendra l'homme à son berceau, ne le quittera qu'à la tombe. Elle élèvera tous les enfants, distribuera le travail entre tous les hommes, à chacun selon ses aptitudes, elle abritera les faibles et les vieillards. Par elle il n'y aura plus dans la société ni parias, ni privilégiés, car elle fera rentrer dans le trésor commun, pour le service de tous, les richesses accumulées dans les mêmes familles par le vol et l'héritage. Le scandale des lois spoliatrices, qui répartissent si insolemment le capital acquis par tous, que les uns, en naissant, trouvent l'opulence inépuisable et les autres l'éternelle détresse, ce scandale va cesser !

On applaudit à ces promesses d'avenir, mais non pas unanimement; je surprends à mes côtés des murmures sceptiques :

— Allons donc ! les riches seront toujours les riches, et les sans-le-sou dans la mélasse !

Une raillerie siffle !

— Celui qui lui a taillé son chiffon rouge (sa langue) n'a pas volé ses trente sous !

Mais une vieille femme, une ouvrière en tablier bleu, la tête coiffée d'un mouchoir à carreaux noué en marmotte, remplace à la tribune le jeune socialiste. On rit à la voir poser un poing sur la balustrade, camper l'autre sur sa hanche ; sans se troubler, elle déclare que le « petit a bien parlé, et qu'elle l'approuve ».

— Il nous dit que la Commune va faire quelque chose pour que le peuple ne meure pas de faim en travaillant, eh bien ! vrai, ce ne serait pas trop tôt ! Car, moi, voilà quarante ans que je suis laveuse, et que je travaille toute la sainte semaine, sans avoir toujours de quoi mettre sous la dent et payer mon terme. La nourriture est si chère ! Et si l'on tombe malade, alors bernique la boutique, faut tout laisser en plant, ménage, enfants et s'en aller à l'hôpital. Et vous savez s'il y a gras à l'hôpital ! Et il y en a bien d'autres, comme moi, je le sais bien. Pourquoi donc que les uns se reposent du Jour de l'An à la Saint-Sylvestre, pendant que nous sommes à tâche ? Est-ce juste ? Il me semble que si j'étais le gouvernement, je m'arrangerais de manière à ce que les travailleurs puissent se reposer à leur tour. Je leur ferai construire des maisons de campagne où ils iraient, pas tous à la fois, se délasser et s'amuser un brin. Si le peuple avait des vacances, comme les riches, il ne se plaindrait pas tant. Voilà ce que j'avais à vous dire, citoyens. »

La vieille descend au bruit des bravos, on l'acclame, on la fête ! Le peuple s'est reconnu en elle, et dans son langage simpliste, approuve l'expression naïve de ce qu'il sent, comprend, désire.

Mais ces vœux pour un travail moins absorbant, un salaire moins incertain, une existence plus allégée de peines, moins vide de plaisirs, mais ces aspirations vers le bien-être bourgeois, ce peuple s'est-il armé pour les réaliser, et saura-t-il au jour de la lutte suprême combattre jusqu'à la mort pour les défendre ?

Non, me dit ma conscience de la vérité.

La Révolution sociale n'est pas dans la rue !

XI

LES CHEFS MILITAIRES

Je vois, j'entends ces choses, et si j'étais capable de réflexion, la folie d'une lutte sans espoir me serait démontrée, j'ôterai l'uniforme de la révolte, je me courberai devant l'inexorable hostilité des faits. Mais le mouvement parisien qui, sans la poussée de l'enthousiasme, des illusions généreuses ou des passions ambitieuses, continue en vertu de la force acquise, cet étrange mouvement m'entraîne, pour ainsi dire à mon insu. Je m'abandonne à son impulsion avec une stupide insouciance. Mon intelligence sommeille. Il ne m'arrive presque jamais de songer aux périls du lendemain. Les affiches comminatoires que le gouvernement de M. Tiers fait clandestinement placarder dans les rues, m'amusent, au lieu de m'effrayer ; je me moque de cette phraséologie officielle qui semble menacer vainement. Tout le monde lit comme moi les affiches, rit, hausse les épaules, blague. Pourquoi ? Le demandez-vous ? C'est que Paris a l'air d'être « imprenable », qu'on s'y trouve bien et en sûreté. Et puis le temps, radieux, complice des Versaillais, vous pénètre les moelles de sa douceur, de ses langueurs, efface le souvenir, amollit les rancunes des mauvais jours du grand siège. Les caractères attiédis se disposent au sentiment. Bien nourri, buvant son saoul, faisant l'amour, le Paris du second siège n'a plus assez dénergie pour se représenter, même à peu près, les épouvantables conséquences d'une défaite. Inutilement, pour l'avertir, le préparer à la résistance, quelques feuilles lui rappellent les sanglantes journées de juin 1848 : il n'est déjà plus en état de croire aux horribles récits des exécutions sommaires, des emprisonnements en masse dans les casemates et les pontons, des déportations. Telle est l'influence d'un climat délicieux sur des cerveaux naturellement légers.

Des fédérés m'ont dit :

— Voyez-vous, si les Versaillais entrent dans Paris, gare aux membres de la Commune et du comité central ! malheur aux déserteurs de l'armée ! Ceux-là seront fusillés, mais à nous, pauvres diables d'ouvriers, qu'est-ce que vous voulez qu'on nous fasse ? On nous licenciera, voilà tout !

Je reviens donc à mon poste assister au jeu de la guerre sociale. Et là, tout de même, l'aisance brave, souriante des joueurs, leur bavardage futile, leur tenue follement vaniteuse, leur goût pour les couleurs, les panaches, les proclamations enfiévrées, tout me distrait de mes craintes mélancoliques. Les événements se succèdent, les péripéties se déroulent, sans émouvoir ni troubler personne. Nous avons tous bon appétit et le rire facile. Nous vivons dans ce jeu puéril et terrible, comme dans notre élément. Nous ne nous prenons pas au sérieux. Du moins en apparence. Il est possible qu'aux heures de solitude, où l'esprit recouvre avec le calme le sens du réel, plus d'un s'interroge sur les suites de sa formidable escapade, songe à son avenir ou même à sa peau...

Demain, après-demain, dans huit jours ou dans un mois, que va-t-il arriver ?... Au bout d'une aussi longue et violente rupture du ban social, qu'appréhender des vainqueurs de Paris ?... La fusillade ou la prison, la déportation ou, si par miracle on échappe, la proscription, la misère à l'étranger, et plus tard, en cas d'ammistie, le déclassement définitif dans la Patrie ?...

Une vague, redoutable menace de ces dangers, plane sur nous tous, mais quoi ? On y pense un moment, on en frémit une seconde; on oublie le reste du temps. Ça s'arrangera, se dit-on, pour se rassurer. Et sentant le sol ferme sous leurs pieds, les acteurs de ce grand drame militaire de la Commune, glorieux de leur rôle, le jouent en artistes convaincus, sans embarras comme sans étude, avec un naturel parfait, un entrain merveilleux, tous les signes d'une vocation évidente. L'action s'enchaîne, se complique, se resserre, les scènes se pressent, les tableaux se déroulent, le dénouement s'annonce, et le canon accompagne et scande des jovialités et des sentimentalités admirables.

Comment imaginer qu'une pièce si diverse, mais si amusante, puisse jamais tourner au tragique ?

Entre tous ces acteurs si bien doués brillent au premier plan les généraux polonais : Dombrowski, Woblewski, Okolowitch. Ils sont vraiment beaux en scène et en selle. Dignes fils d'une race fameuse jadis pour son faste, sa bravoure, sa frivolité, ils sont parmi nous comme chez eux. On se bat, on se costume, on se pavane, on caracole : c'est leur affaire. Ils rempliraient seuls ce vaste théâtre de leurs gestes exubérants, de leur faconde, du cliquetis de leurs sabres, de la superbe envergure de leurs manteaux. Paris leur appartient. Nos officiers improvisés restent toujours un peu gauches sous leur uniforme, leurs broderies d'emprunt ; eux, soldats-nés, montent à cheval, commandent, vont au feu, comme s'il n'avaient jamais fait autre chose. Le péril les attire. Ils aiment la bataille. La Commune et le socialisme leur sont, j'imagine, indifférents, mais le pouvoir irrégulier, les théories militantes, quelles qu'elles soient, plaisent à leur esprit d'aventure, à leur tempérament de condottière. Ils ne raisonnent pas, ils agissent. Ils sont de caractère enfantin, très doux. Leurs yeux bleus reflètent le rêve, non l'idée. Capables d'illusions extraordinaires, peut-être d'incroyables espérances, posées sur des hypothèses inouïes comme sur des nues, ont germé dans un coin de leurs cerveaux hallucinés. Si l'on nous disait, à nous, que du triomphe de la Commune sur Versailles peut résulter cette chose inattendue : l'indépendance de la Pologne, nous poufferions de rire ! Que sait pourtant si ces bannis éternels, ces patriotes sans patrie, n'ont pas sous les yeux une vision de ce genre, lointaine et lumineuse à travers les fumées de la guerre civile, comme une étoile dans la nuit !

Le plus remarquable et le plus célèbre de ces étrangers se nomme Jaroslas Dombrowski C'est un petit homme blond, maigre, sec, nerveux, d'une physionomie fine, énergique et martiale. Il commande à Neuilly des barricades, que les fédérés et les Versaillais se prennent et se reprennent tour à tour. Il passe néanmoins pour un tacticien habile, fort au-dessus de cette petite guerre d'escarmouches et d'embuscades. On prétend qu'il déploierait, sur un champ de bataille plus étendu de solides capacités acquises dans l'armée russe, dont il a été l'un des bons officiers subalternes; mais s'il n'a pas eu l'occasion jusqu'alors de prouver ses talents, son courage du moins est inconstestable. Homme de sang-froid, de décision et d'impétuosité, il s'expose volontiers pour entraîner ses soldats. Les bataillons les plus méfiants ont confiance en lui et lui obéissent. Aussi obtient-il parfois de petits succès que la presse exagère et que le public grossit démesurément.

La délégation le voit quelquefois, bien qu'il n'aime guère à rendre compte de ses actes et pas du tout à recevoir des ordres. Sa fierté permet de supposer qu'il se juge très supérieur à Cluseret et à Rossel. Je me rappelle ces entrées magnifiques de grand premier rôle dans la cour du ci-devant ministère, son costume battant neuf de divisionnaire, les étoiles d'or de son képi, son cheval blanc caparaçonné, son état-major brillant et bruyant, son escorte de cavaliers, le mousqueton appuyé à la hanche. Il rayonne. Il descend de cheval, abandonne les brides à un aide de camp, et faisant sonner ses éperons, traîner son grand sabre sur les dalles, il s'avance, comme Fra Diavolo, superbement enveloppé dans son large manteau, ganté de blanc jusqu'aux coudes, les moustaches cirées, les yeux fixes..... Quel artiste !

Nous touchons à la fin d'avril ; depuis six mois la guerre désole Neuilly. La riche commune, déjà ravagée pendant le siège, traitée en pays conquis par les mobiles et les lignards de la défense nationale, ne sera bientôt que décombres, ruines fumantes. Les habitants, peureux de vivre au grand jour dans leurs villas, tantôt défoncées par les obus et tantôt pillées par les belligérants, se sont prudemment réfugiés dans leur caves. C'est de là, *de profundis*, qu'ils crient miséricorde à la Commune et à Versailles ! Les malheureux, dévalisés naguère au nom du patriotisme, rançonnés maintenant au nom de la Révolution, ou tués par mégarde au nom de l'Ordre, sollicitent humblement la permission de sortir de leur cachette et de transporter dans Paris, à la faveur d'une suspension d'armes, ce que leurs défenseurs, leurs vengeurs et leurs sauveurs leur ont laissé de biens. Grave sujet à pourparlers, discussions, protocoles ! M. Thiers, à qui lui parle de l'infortune de Neuilly répond : tant pis ! et la Commune, songeant aux millionnaires du parc, dit presque : tant mieux ! Dombrowski, ému des souffrances des neutres, essaie de résoudre la question, et vient précisément s'en entretenir avec Cluseret.

Comme il s'arrête un moment près du bureau du commandant Séguin :

— Voulez-vous, général, lui demande le sous-chef d'état-major, nous dire si cette missive nous a bien été adressée de votre part ?

— Quelle missive ?

— Voici : Il y a deux jours, un fourgon, escorté par un piquet de gardes nationaux, est entré dans notre cour ; l'officier a tiré de sa ceinture une lettre cachetée de rouge, et nous avons lu, sans la signature, par ordre, de votre chef d'état-major, cette communication :

« Citoyen délégué, je vous envoie de notre quartier général à Neuilly un convoi de jambons et une caisse de vins fins, pris à l'ennemi par nos braves fédérés, ces provisions vous aideront, j'espère, à supporter les horreurs d'un second siège. Salut et fraternité ! »

Dombrowski écoute, impassible, puis souriant :

— La lettre est de moi. Est-ce que le fourgon ne contenait pas les vivres annoncées ?

— Si fait ! Mais les bouteilles et l'enveloppe des jambons portaient la marque d'un négociant de Neuilly, qui nous les a réclamés.

— Et vous les lui avez donnés ?

— Sans doute.

— C'est absurde, croyez-vous que les Versaillais les auraient laissés chez ce négociant ? Il faut que la guerre nourisse son monde.

— Mais !.....

— Franchement, vous avez eu tort de ne pas les garder. Vins et jambons étaient de bonne prise et d'un goût excellent. Venez déjeuner là-bas, vous m'en direz des nouvelles.

Et le cabinet du délégué s'entr'ouvrant, Dombrowski, enchanté de sa réplique, disparaît, sonore.

Quelles étranges dépouilles opimes, pourtant, citoyen général !

Si l'armée fédérale existait autre part que sur les états de solde où elle représente d'après nos calculs, un effectif imposant, elle serait divisée en trois corps, comme toute armée qui se respecte, sous l'autorité suprême du généralissime Cluseret. Dombrowski en commanderait l'aile droite, Wroblewski, l'aile gauche, la Cécilia le centre. En attendant l'exécution d'un plan de sortie, combiné dans le silence du cabinet par le délégué et son chef d'état-major, ces généraux, aux noms étrangers, ont du moins le titre de leurs fonctions futures.

Wroblewski est un grand et beau garçon, instruit, paraît-il, ingénieur ; Rossel le tient en estime particulière. Il dirige, ou plutôt il est censé diriger la défense des forts du sud : Issy, Vanves, Montrouge, terriblement battus en brèche par l'artillerie versaillaise. Wroblewski a moins de prestige que Dombrowski, et malgré les galons, les étoiles de son képi de divisionnaire, son autorité s'exerce malaisément sur des chefs élus par leurs soldats. Mégy, par exemple, le citoyen colonel Mégy, ex-mécanicien devenu fameux, et même colonel, pour avoir, sous l'Empire, brûlé à bout portant la cervelle d'un policier qui venait l'arrêter trop matinalement, — sublime et retentissante action ! — Mégy, qui règne sur les murailles démantelées du fort d'Issy, n'a pas besoin des ordres de ce « parvenu » pour vaincre ou mourir à son poste, ainsi qu'il l'a juré ! On peut compter sur la parole d'un guerrier, comme Mégy. Le 30 avril, quand il abandonnera le fort remis à sa garde, il nous déclarera fièrement qu'il n'était plus possible de s'y maintenir, et qu'il se fût enseveli voluptueusement sous les décombres de la malheureuse citadelle, s'il avait eu seulement assez de poudre pour la faire sauter !

La Cécilia n'est pas italien, comme son nom. On dit qu'il est né à Tours. Extrêmement instruit, estimé pour ses travaux de linguistique, comment ce savant se trouve-t-il parmi nous ? Il semble que l'ambition froissée en soit la

cause. Il a, pendant la guerre, commandé un corps de francs-tireurs Lipowski, bravement, habilement. Peut-être rêvait-il une fortune militaire brillante et rapide, et voyant, après la guerre, les réguliers incapables reparaître, reprendre leur rang et boucher derrière eux la carrière, s'est-il, déçu, jeté dans la Révolution. Il y a de cela aussi dans l'histoire de Rossel. Ces esprits distingués ou supérieurs, qui ne sont pas à leur place, protestent violemment contre nos ineptes lois d'avancement, contre notre usage de distribuer les grades à l'âge ou à la faveur, et de les accorder si rarement, si difficilement au mérite. Ils ont la haine des culottes de peau, des généraux d'antichambre et des officiers de salon, qu'ils se croient dignes de remplacer.

Mais la Cécilia est un silencieux, et même un impassible : bien fin qui devinerait ce qu'il pense sous le masque de sa longue figure blême, aux yeux ronds et froids, cachés sous des lunettes de myope. Étroitement sanglé, boutonné dans son irréprochable uniforme d'officier général, il semble quelque peu féru d'orgueil. J'ai su, depuis, qu'assez répandu dans la bohème littéraire et politique, il se dégourdissait volontiers dans la compagnie des journalistes et des rapins. Mais alors !...

Au-desssous de ces grands chefs militaires de la Révolution Cluseret, Dombrowski, Rossel, Wroblewski, La Cécilia, au second plan de l'action, je vois se détacher d'autres figures intéressantes, aussi originales, mais d'une autre manière, soit par leur caractère, soit par leurs fonctions.

Je vois d'abord un tout petit homme, rond comme une barrique, joufflu comme une pomme, et rose, frais, souriant, une ombre de moustache noire aux lèvres; le type de joli garçon, comme on l'entend dans le commerce de la nouveauté; pimpant, remuant, frétillant, tel un parfait commis. On le rencontre partout, à pied, à cheval ou en voiture; pas de personnage dont le nom soit plus fréquemment écrit ou prononcé : c'est M. le colonel Henry Prudhomme, et il a le titre de commandant de la place de Paris. De la place Vendôme où il réside, s'envolent comme des sauterelles, sur un tas de petits papiers à cachet bleu, un tas de petits ordres, qui s'abattent ici ou là, et produisent, en tombant sous les yeux des petits chefs ou des petits comités auxquels ils sont destinés, toute sorte de petits mouvements, petits colloques, petites délibérations et manifestations. Ces petits effets-là, qui sont à la taille du citoyen Henry Prudhomme, M. le colonel commandant la place doit en être enchanté, si l'on en doit juger à sa mine heureuse. Il a l'air de se trouver si bien au monde, le citoyen colonel, et si persuadé de ses capacités! Pas de révolutionnaire moins farouche. C'est un joli cœur de l'armée de l'ordre, égaré dans les légions du désordre.

Je vois moins souvent le citoyen général Okolowitch, dont le titre me paraît une pure entité, mais dont le grand sabre existe assurément; le colonel Brunel qui ressemble à Piétri; les colonels Sapia, Faltot, transfuges de l'armée impériale marqués à son empreinte; le colonel Lisbonne, si curieux sous son costume de fantaisie, ses bottes à l'écuyère, ses armes retentissantes : toujours un nègre l'accompagne, il caracole, il proclame, il bavarde, mélodramatique comme pas un figurant du Cirque Olympique, mais sincère, de bonne humeur et brave comme pas un soldat: « Citoyens, l'ennemi est à nous! En avant pour la Liberté, l'Égalité, la Fraternité! Courage, et ralliez-vous au panache de votre colonel! » Et les communards, entraînés par cette verve faubourienne, de grands gestes de théâtre, et une réelle ardeur, le suivent et se battent, acharnés.

Des circonstances critiques ont plus profondément gravé dans ma mémoire le nom et le profil de quelques chefs entrevus dans une heure d'alerte, de fièvre; il m'est arrivé de reconnaître tout à coup dans le chef de légion ou dans le commandant fédéré un ex-sous-officier, un ex-caporal de l'armée régulière.

Combien, combien de ces modestes serviteurs des « cadres » ont servi dans les rangs de la Révolution! Combien! Peut-être par une explicable rancune contre leur humble passe du régiment, sous l'Empire. Il y avait alors de l'officier au sous-officier la distance du gentilhomme au vilain sous l'ancien régime. Lorsque Saint-Cyr et Polytechnique donnaient l'épaulette à des « fils de famille », à peine âgés de vingt ans, l'engagé volontaire, capable, mais sans diplôme, comptable, bon théoricien et praticien, l'attendait pendant dix, douze, quinze ans, et ne l'obtenait pas toujours, au bout d'une si longue portion d'une existence soumise, patiente, terrée dans les devoirs obscurs de la garnison. Un officier de fortune, rien ne devenait plus rare; on voyait des sergents-majors, des adjudants en cheveux gris. Le mot connu : « Tout soldat a le bâton de maréchal dans sa giberne, » n'était plus qu'une ironie énorme. Les préférences de l'avancement au choix, on les réservait au jeune noble ou bourgeois, issu des Ecoles; l'avancement à l'ancienneté, qui distribue les grades subalternes, on l'abandonnait dédaigneusement à l'enfant du peuple. Il se formait une aristocratie de prétoriens, indépendante de la caserne, et la méprisant. De ces beaux fils, quelques-uns, pour imprimer davantage le respect, élargir et creuser les distances qui séparent les classes, auraient voulu rétablir les peines corporelles[1]. Un colonel de Grammont caressait familièrement les épaules des grenadiers de la garde d'un jonc à pomme d'or ; il récompensait en donnant de l'argent. Tel un militaire grand seigneur d'autrefois. Et même parmi les officiers, on distinguait déjà deux partis hostiles : l'un composé des officiers de « naissance », promis aux grades supérieurs ; l'autre des « parvenus », limités dans leur ambition, quel que fût leur mérite, à l'emploi de capitaine. Ceux-ci vivaient malaisément avec ceux-là ; des jalousies se révélaient, éclataient, s'envenimaient aux mess, aux tables des cafés ; des propos aigres-doux, d'amères discussions auraient provoqué des duels fréquents, sans les sévérités promptes de la dicipline.

C'est la nuit. Je suis de service. Je veille

[1] Aujourd'hui encore, en l'année du centenaire que l'on s'apprête à célébrer, il serait intéressant de dresser la liste des trop nombreuses familles investies héréditairement des hautes fonctions politiques, administratives, judiciaires, militaires. Un siècle après la nuit du 4 août, qui selon nos rhéteurs bourgeois abolit les privilèges, M. de Goncourt peut écrire : *nous sommes encombrés de fils!* Oui, de fils et de dynasties.

dans le salon des aides de camp. Dans un salon voisin, le télégraphiste recueille incessamment les dépêches, me les communique au fur et à mesure. Je transmets des ordres ou des avis, selon les circonstances. On se bat du côté du fort d'Issy, avec des chances diverses, mais les nouvelles ne sont pas autrement inquiétantes. Brusquement la porte s'ouvre, poussée par un homme au visage animé, aux vêtements poudreux, très crâne ; d'ailleurs, très martial, ce chef de bataillon.

— Que voulez-vous, citoyen ?

— De la part du général Wroblewski, je viens demander des renforts.

— Vous avez un mot de lui ?

— Je suis le chef de son état-major, le commandant Renard.

Il y a beaucoup de Renard dans l'armée de la Révolution, mais celui-ci ne m'est pas inconnu.

— C'est bien.

Je consulte ma liste : c'est à la sixième légion de marcher. On télégraphie à Wroblewski de tenir ferme et d'attendre avec confiance. Je me fais remplacer par un collègue et, Renard me tenant compagnie, nous allons faire battre le rappel dans les rues, places et carrefours du VIe arrondissement. En chemin nous causons. Je lui demande :

— N'avez-vous pas servi dans l'armée?

— Si bien.

— Où cela?

— Dans la ligne, dans la garde, puis encore dans la ligne ; j'ai pris mon congé avec le grade de sergent.

— J'ai dû vous rencontrer sous les drapeaux... Mais pourquoi n'avez-vous pas rengagé ? N'aviez-vous pas d'avenir ?

— De l'avenir ? On m'en promettait. Quand serait-il venu ? La guerre, seule, aurait pu me gagner l'épaulette. On parlait continuellement de la guerre, depuis 1866 ; elle n'éclatait jamais. A vingt-quatre ans il faut songer à se créer une position. Je suis entré dans les chemins de fer, en qualité de serre-freins ; on arrive plus vite dans le service actif. On m'a élu capitaine pendant le siège, commandant sous la Commune, j'essaie de prouver que ce n'est pas à tort.

Nous voici sur la place Saint-Sulpice, déserte, muette : quelques fenêtres de la mairie sont éclairées, les comités veillent. Nous entrons précipitamment. Un fédéré va quérir le chef de légion, ne trouve que le sous-chef et nous l'amène. O le rayonnant officier, « frisé comme un bichon », et doré sur toutes les coutures ! Joli, joli garçon, vêtu, bien qu'il soit deux heures du matin, comme pour la parade. La bouche ouverte dans un sourire où luisent sous la fine moustache trente-deux dents d'émail, le lieutenant-colonel nous tend la main ; il parle, et sa voix a les inflexions chantantes d'un ténorino d'amore :

— Que désirez-vous, citoyens ?

— Eh ! mais, s'écrie Renard, ne vous appelez-vous pas Lebeau ?

— Le sous-chef de la légion incline doucement la tête, il se nomme bien Lebeau. Ce nom, il le sait, convient à sa charmante figure, et il le porte dignement. Mais, interroge le regard bienveillant de ses yeux bleus : Que veut-on à Lebeau ?

— N'avez-vous pas été sergent-major dans la garde ?

— Oui.

— Dans mon régiment, alors ?

— Dans le nôtre, dis-je à mon tour.

Lebeau nous remet, semble ravi de nous revoir en pareil lieu et dans une telle position.

Et d'anciens frères d'armes se serrent cordialement les mains.

Vite, les tambours se répandent par les rues ensommeillées, battent vigoureusement la générale.

Sur la place, près de la fontaine des Évêques, centre de ralliement, le sous-chef de la sixième légion nous apprend des nouvelles de plus d'un ex-camarade de l'armée passé dans les rangs de la Révolution sociale, et investi de la confiance des fédérés. Celui-ci commande un bataillon du XVIIIe, celui-là est commandant de place aux Batignoles, l'un occupe à la Villette un poste militaire important, l'autre est un chef populaire à Belleville. C'est tout naturel. Nous savons notre affaire, nous, théorie et pratique, instruction et manœuvre, tandis que ces pékins de la garde nationale, officiers de hasard, portent leurs sabres comme des cierges, ont l'air de vrais soldats du pape..... Ah ! ça mais, admirez-donc comme ils se pressent d'arriver !

Bien lentement en effet, de-ci de-là, les fédérés débouchent en se frottant les yeux, marchent comme dans un rêve, s'habillent en marchant. Quelques-uns entrent dans les cabarets pour tuer le ver et casser la croûte. Peu à peu, cependant, s'agrège un noyau de légionnaires, l'arme au pied. Ce noyau grossit, se divise en bataillons, qui se répartissent en compagnies. La générale ronfle depuis plus d'une heure ; nos tapins doivent avoir les bras cassés. Renard s'en est allé annoncer l'immédiate arrivée des renforts. Lebeau passe en revue et dénombre ses hommes : il y en a bien six cents, au lieu de six mille qui sont inscrits sur les contrôles et touchent solde et vivres. Néanmoins, il est content ; ce résultat est satisfaisant ; on ne l'obtient pas toujours, et jamais sans peine.

..... Les bataillons de la sixième s'allongent en colonne et cette colonne se meut, serpente par les rues redevenues silencieuses sous les regards effarés des gens éveillés en sursaut, penchant dans l'ombre béante des fenêtres des visages blêmes, coiffés pour la nuit.

Des généraux dégommés, « ouvriers de la première heure », comme les ont nommés les journaux qui les regrettent, font de rares apparitions parmi nous. Il en reste bien peu de ces généraux improvisés du 18 Mars, naïfs élus du Comité Central : la guerre en a fait une bouchée. Henry, le sculpteur, est prisonnier à Versailles; Duval a été fusillé à Châtillon, par les ordres de Vinoy ; Flourens est mort sous le sabre, cruel pour ce héros, du capitaine de gendarmerie Desmarets ; Bergeret, suspect de trahison et convaincu de maladresse, cherche, après une courte détention au Cherche-Midi, un nouveau commandement. Mais voici, plus heureux que Bergeret, non moins suspect et plus coupable, Lullier, l'ex-lieutenant de vaisseau Lullier, fameux depuis l'Empire pour avoir provoqué vainement en duel Paul de Cassagnac ; Lullier, dit-on, redoutable, invincible, l'épée, le pistolet ou le sabre d'abordage au poing.

Qui donc, dans un fauteuil du salon de l'Etat-Major, se carre, le dos renversé, les jambes croisées, agite les bras et d'une voix sonore, sur un ton impérieux, pérore sur la défense de Paris, avec une éloquence vibrante et rapide ? C'est lui, Lullier, le front hautain, la bouche dédaigneuse, la moustache insolente, les yeux pleins d'orgueil. Et près de lui, l'écoutant avec ravissement, c'est son ami, son inséparable Ganier d'Abin, étrange aventurier, condottière, trabucayre ou boucanier, qui a roulé sa bosse par toute la planète, et dont le dernier titre exotique fut celui de *général instructeur des troupes du roi de Siam*.

Lullier a demandé à Rossel un entretien qu'on lui fait attendre : les minutes passent, il s'impatiente. Le commandant Séguin, très doucement le prie, afin de le calmer, d'exposer ses idées. Et Lullier les expose. D'abord il critique amèrement la petite guerre d'escarmouches que l'on soutient à Neuilly, Asnières, Issy. Il prêche l'offensive. Il affirme qu'une sortie en masse des troupes parisiennes, organisées méthodiquement, accablerait Versailles.

Il s'écrie : Nous ne sommes plus les bandes inexpérimentées du 2 Avril !

— Mais, lui fait observer Séguin, avec l'air de n'y pas toucher, il faut aviser au Mont-Valérien.

Lullier pâlit, mais il reprend bientôt avec une complète assurance :

— Le Mont-Valérien ? Oui, je sais, on me reproche de l'avoir laissé échapper, on a même dit que je l'avais rendu. Accusation absurde, insensée. Pourquoi l'aurais-je fait ?

Par sottise ? qu'on ose me le dire en face ! Par trahison ? Lullier traître ? Quel serait mon bénéfice ? Je ne puis être quelqu'un et quelque chose que par la Révolution. Mais il serait au-dessous de moi d'insister. Parlons sérieusement. On néglige, selon moi, une partie essentielle de la défense : celle du cours de la Seine. La Seine, défendue par une flottille de canonnières, rendrait Paris imprenable ; qu'on me donne l'ordre de réorganiser cette flottille, qu'on m'en remette le commandement : je réponds du succès.

Et l'ex-lieutenant de vaisseau entre dans une série d'explications techniques : les mots estacade, caronade, torpille, sabord, tribord,

claquent sur ses lèvres comme vergues au vent.

Mais s'il nous étonne, Lullier ne nous convainc pas. Quelqu'un qui sait où se rafraîchit cette éloquence inspirée, m'insinue à l'oreille :

— L'absinthe devrait être bonne au Helder aujourd'hui.

Séguin va retrouver Rossel, revient et déclare à Lullier qu'il transmettra ses projets au Délégué, trop occupé en ce moment pour en causer avec fruit.

Lullier se lève, très fier, et alors, un coup de théâtre :

Ouverte à deux battants, la porte du cabinet laisse entrer une escouade de matelots, conduits par un capitaine d'armes.

Lullier marche droit aux marins de la Commune; posé comme sur un banc de quart pour le commandant de la manœuvre, le geste énergique, tonnant :

— N'est-ce pas, camarades, que vous combattrez comme des lions, jusqu'à la mort, pour la Commune et la République, aux côtés de Lullier?

Et les marins, subjugués, électrisés, crient :

— Vive Lullier ! Vive la Commune !

Le soir de cette journée, Rossel a voulu parler à Delescluze, membre principal de la commission militaire des propositions du citoyen Lullier :

Aux premiers mots, l'austère jacobin l'interrompt, puis, net de sa voix faible et tranchante.

— Nous ne donnerons jamais le moindre commandement à l'homme qui a laissé perdre, volontairement ou non, l'occasion de prendre le Mont-Valérien.

XII

DIVERTISSEMENTS

— Irez-vous ce soir aux Tuileries?

— Pourquoi? que faire aux Tuileries?

— Vous ne savez donc pas? On donne une fête au profit des ambulances. Il y aura concert instrumental et vocal, tombola. On déclamera, on chantera, on dansera peut-être. Ce sera très amusant.

— Vous croyez!

— Sans doute.

... Le jeune officier qui m'interroge a ma promesse, j'irai aux Tuileries volontiers. J'irai sans remords, ayant comme tout le monde un grain de folie printanière dans la cervelle. Même en ce moment terrible, j'aime les fêtes populaires, celles où le vrai peuple, ému par une haute pensée ou par un sentiment généreux, apporte sa curiosité naïve et joviale, son entrain, sa bonté native. On ne s'ennuie pas en sa compagnie. N'étant point blasé sur les plaisirs, tout spectacle l'intéresse. Pour l'élever jusqu'à l'enthousiasme, le faire éclater de rire ou lui tirer des larmes, il suffit d'un mot, d'une farce, d'un cri. Et ce qui le touche, aussitôt ses traits, ses yeux, ses gestes, sa voix animés, exaltés, l'expriment d'une manière saisissante, contagieuse. On ne peut rester indifférent à ce qu'il éprouve; on doit le fuir ou faire âme commune avec lui.

Ainsi, par des solennités, des fêtes, de joyeuses batailles, débutent les grands mouvements sublimes qui jettent les peuples hors de leurs habitudes, à la conquête d'un nouvel idéal, et ces mouvements entraînent, mêlent et confondent malgré eux, dans la foule des simples, les hommes instruits et positifs, sceptiques et spirituels. Ainsi commencent et continuent les révolutions viables. On revient de cet « emballement », comme on se réveille d'un songe, mais il vous reste le délicieux souvenir d'un instant d'ivresse ; vous avez eu l'illusion de la fraternité !

Ce vieux palais des Tuileries, il est ouvert depuis quelques semaines à toute personne en état de verser cinquante centimes au tronc des blessés. Les meubles n'y sont plus, ni les tableaux, ni les bibelots. Seul, le Salon des Maréchaux est encore entouré de ses portraits de guerriers illustres, encastrés dans la tapisserie. Les visiteurs se promènent avec une satisfaction évidente à travers les somptueuses pièces vides. Presque tous, acteurs ou complices de la fameuse journée du 4 septembre, semblent dire : « Enfin nous sommes chez nous, dans notre palais, nous en avons chassé le tyran et nous pouvons en user comme il nous plaira ! »

Les bonnes gens se mirent complaisamment dans les parquets, dans les glaces, admirent de confiance la splendeur des murailles dorées, azurées à profusion. Les femmes s'intéressent aux petits appartements de l'impératrice, assez joliment peints en couleurs claires, de nuances tendres, décorés de fleurettes en arabesques, frais et galants. On se fait mutuellement les honneurs de la chambre à coucher, du cabinet de toilette, de la salle de bains, dont l'on aurait bien voulu contempler la baignoire d'argent, et les commères hochant la tête, soupirent : Il a dû s'en passer là des choses, des choses !...

Le soir de la nuit très belle — qu'il fut radieux ce cruel printemps de 1871 ! — où se donne la fête charitable, les nobles façades de Philibert Delorme sont illuminées, comme aux galas de la cour. Le peuple souverain est reçu en souverain dans son palais. Des trophées de drapeaux rouges inclinés et flottants le saluent au passage. Et des choses charmantes sans opinion politique, les buissons de roses du jardin réservé naguère aux jeux du prince impérial, ces buissons de roses l'encensent. Tout le flatte et lui chante sa puissance, et l'amollit. « O mon maître, lui ont dit les hommes du Comité central, reprends possession de ton Hôtel de ville ! » — O mon maître, semblent dire à leur tour les antiques murailles et les fleurs nouvelles des Tuileries : « Entre en vainqueur, trop longtemps dépossédé, dans ton magnifique palais ! »

La foule est grande, diverse, parée de tous ses atours, contente et calme : elle a le triomphe modeste et digne. En toute sorte de formes et de couleurs, elle se presse aux abords du guichet de l'Horloge, dont les portes béantes laissent le lustre étincelant du vestibule darder ses gerbes de feu sur l'allée de sable. Sous cette lumière ruisselante s'accusent les étranges disparates fraternellement mêlés. Il y a des chapeaux à plumes, des bonnets à rubans, des châles à carreaux, des cachemires, des robes de soie, des jupes d'indienne, des flots de mousseline blanche, de floconneuses sorties de bal. Il y a des visages ridés et couperosés de vieilles prolétaires toutes voûtées, des figures blanches et grasses de bourgeoises bien nourries, de jolis minois de rieuses jeunes filles. Il y a des curieux de toutes les fortunes, sinon de toutes les classes. Et tout ce monde, impressionné par le nouveau, le grandiose de l'aventure, s'avance sans impatience, sans bousculade, presque avec majesté, une majesté gaie. Chacun entend montrer qu'il mérite l'honneur qu'il se fait Le bonnet à rubans n'est pas moins aristocrate que le chapeau à plumes; le tartan à carreaux est aussi bien élevé que le cachemire, et pour les bonnes manières, la robe de soie n'a rien à reprocher à la jupe d'indienne. Et ce sont de l'un à l'autre, à tout propos, des salutations, des révérences, des excuses, des politesses... Ah ! citoyenne !... Ah ! citoyen !...

Dans le vestibule du Pavillon de l'Horloge, des officiers de place, aussi beaux dans leurs tuniques à revers écarlates que les cent gardes de l'ancienne cour, procèdent galamment au service d'ordre ; de jolies ambulancières, petites bourgeoises où simples grisettes, remplacent avec avantage les cérémonieux chambellans. Elles quêtent, ces ambulancières « pour les blessés de la Commune », avec de franches et gentilles façons, préférables aux grâces minaudières des grandes dames qui jouent les actrices ou des actrices qui jouent les grandes dames, dans l'amusante comédie de la charité mondaine. Jamais, à ces plébéienes, ne viendrait l'humiliante idée de vendre leur sourire un louis d'or, ou de poser leurs lèvres sur un bouton de rose avant de l'offrir à quelque quidam, pour cinq fois autant. Elles savent, tout de même, récompenser ceux qui jettent pièce blanche ou gros sou dans leur plateau d'argent, et leurs mains les décorent d'une cocarde rouge, où s'accroche un bonnet phrygien en cuivre doré. On se laisse parer la boutonnière des armes de la Commune, puis on monte ébloui le superbe escalier.

Le concert est splendidement installé dans la salle du Trône. L'estrade où se dressait naguère le fauteuil impérial est devenue la scène où paraîtront les artistes. Deux amphithéâtres de banquettes tapissées en velours incarnadin relevé de crépines d'or s'étagent de chaque côté. Un lustre de cristal flamboie au plafond, criblant de rayons les visages aux traits heurtés, rudes ou vulgaires, les teints vineux cendrés, plombés, ridés, les simples toilettes criardes, les bijoux faux ou banals, et dans ce cadre luxueux de soyeuses draperies, de fresques, de panneaux dorés, découpant un tableau d'une indicible fantaisie, comme une grande scène burlesque du monde à l'envers conçue par un Goya, enluminée par un artiste d'Epinal.

Déjà les banquettes sont garnies de spectateurs ébahis, figés dans une muette admiration. Peu à peu l'attente du plaisir annoncé les dégourdit, les physionomies s'animent, de beaux yeux de jolies filles qui ne se trouvent déplacés nulle part et ne s'étonnent de rien, se mettent à briller comme braise ardente ou diamants. Les langues se délient, les éventails s'agitent, on flirte dans les pénombres anguleuses : il y a des militaires si entreprenants et l'uniforme a tant de séductions !

Chut ! Silence !... L'orchestre prélude, s'échauffe, et de toute la puissance de ses cuivres fait tonner la Marseillaise. L'hymne révolutionnaire, l'hymne belliqueux a bien un peu vieilli. Galvaudé sur les théâtres, dans les rues, dans les manifestations à propos de bottes, on sait bien qu'il ne conduit plus à la victoire, depuis longtemps; il a plu, il a neigé sur la flamme où jadis s'allumaient les courages des volontaires de Sambre-et-Meuse. Et pourtant, comment lui résister ! Il s'élève, il mugit avec une terrible violence. Comme un ouragan déchaîné, il entraîne la foule dans son harmonieuse tempête, il lui

insuffle de vive force l'enthousiasme, la haine, la rage. Aux dernières mesures de cette rafale, lorsque le refrain éclate furieux, elle ne se contient plus, elle clame :

Aux armes ! Citoyens
Formez vos bataillons :
Marchons ! marchons
Qu'un sang impur abreuve nos sillons !

Ah ! ce chœur effrayant ! Si les Versaillais étaient là pour l'entendre, ils trembleraient, mais la musique se tait et la furia s'apaise. On entend aussitôt des exclamations moins redoutables : Oh ! la belle femme ! Quelle poitrine ! En v'la une qu'a de ça ! — et d'autres, encore plus franches, par lesquelles le peuple exprime ce qu'il pense des charmes de Mlle Agar, qu'un officier ganté de blanc vient de lui présenter. Sensible à ces compliments, qu'elle devine à la vivacité des regards braqués sur elle, la tragédienne Agar salue le peuple, comme un empereur, et d'une voix creuse, chaude, vibrante, elle lui récite *Le Lion surpris*, poésie de circonstance. C'est la monnaie de sa pièce. Le lion, dont il s'agit, vivait au désert paisiblement accroupi dans son antre, sans songer à mal. Vint un quidam l'attaquer en traître. Indigné d'un pareil forfait, le lion rugit qu'il se vengera, qu'il punira, exterminera son lâche agresseur !...

Allusion aussi flatteuse que transparente. Le « peuple surpris », délicatement chatouillé dans son amour-propre, applaudit l'artiste et le poète, et ses transports redoublent quand le galant officier, au moment de reconduire Mlle Agar, lui offre avec des grâces un bouquet superbe et son bras.

Des acteurs de petits théatres, des virtuoses de cafés-concerts, des amateurs succèdent tour à tour à Mlle Agar (de la Comédie-Française). Le comédien des Batignolles où de Grenelle déclame en habit noir les monologues du *Roi s'amuse* et de *Ruy-Blas*, et sa voix roule, gronde, ronfle comme une toupie, pour rendre l'effet de ces tirades ampoulées. Hélas ! Vains efforts ! Au cliquetis monotone de ces vers romantiques déja surannés, sans écho dans l'esprit, sans écho dans le cœur de la foule, on prend un air grave, un air d'intelligence, mais on s'ennuie visiblement. Si l'on ne bâille pas, si même on applaudit, car par bonté d'âme, politesse, condescendance on ne veut pas vexer un artiste de la Commune : le brave homme fait ce qu'il peut et s'il ennuie, c'est la faute de son rôle.

Le peuple découvre ses antipathies par l'extrême ardeur de ses sympathies : un sûr moyen de lui plaire est de lui rappeler ses rancunes et ses douleurs ; mieux encore de le faire rire. Les belles pièces des *Châtiments* où Napoléon III est convenablement exécré, les élégies sentimentales du siège, ont du succès, les chansonnettes comiques en ont davantage. Il raffole de la chansonnette comique, il adore la romance. Les grimaces l'enchantent, sa fibre tressaille aux larmes répandues sur d'absurdes malheurs imaginaires : sur le « petit mousse de la grande hune », pleurant sa mère et lui demandant « ce qu'elle a fait de son pauvre petit », sur l'orphelin qui « trouve toujours un asile au saint lieu », sur la « religieuse » regrettant de ne pouvoir « endormir sur son cœur un jeune enfant qui l'appelle sa mère », et sur une quantité de billevesées tout aussi ingénieuses.

Mais, écoutez ! Quel bruit sinistre scande

les langueurs de la romance ! quel terrible point d'orgue ! Interloqué, le chanteur se tait, le peuple tend l'oreille. Le bruit se fait distinct, le point d'orgue s'accentue. C'est la canonnade : les batteries du Mont-Valérien répondent à celles du Trocadéro, Versailles cause avec la Commune, et la nuit, complice de l'épouvante, recueille, enfle et rapproche l'horrible dialogue. Parfois la crépitation des fusils se mêle aux voix de bronze. Cela semble si près, si près : on dirait d'un combat dans les Champs-Elysées, aux grilles mêmes du Palais. Comme un souffle glacé, un soupçon passe sur la foule : si pendant la fête, l'ennemi était entré ! L'espace d'un éclair, plus d'un front pâlit. Mais on s'en est aperçu. Un officier d'état-major se hâte de lire un télégramme rassérénant.

Enfin la chanteuse attendue depuis le commencement de la soirée, la diva favorite, l'étoile du programme, la Bordas, superbe en son péplum flottant que traverse une écharpe écarlate, ses longs cheveux dénoués encadrant son large et beau visage, la poitrine opulente et nue, les bras nus, apparaît comme une guerrière, comme la « forte femme aux puissantes mamelles, aux durs appas », faubourienne déesse de la Liberté, selon le poète et selon le peuple, dont elle matérialise l'idéal. Massive et robuste idole, elle marche lente et majestueuse, et ses grands yeux magnétisent la salle, et tous les regards épient ses mouvements, ses gestes, et l'interrogent.

Que va-t-elle dire ? Que veut-elle ? Qu'elle commande, on lui obéira. On s'explique à la contempler la puissance dominatrice d'une Vélléda, d'une Théroigne de Méricourt. Dans les plis de son péplum elle apporte l'illusion la foi, l'espérance, l'enthousiasme. Mais qu'elle chante, qu'elle chante la seule chanson qu'elle sache, *La Canaille,* et tous les cœurs se suspendront à ses lèvres.

La *Canaille*, c'est l'hymne révolutionnaire des temps nouveaux; apologie, glorification de l'ouvrier outragé. Comme les révoltés des Pays-Bas se parèrent au XVIe siècle du titre de *gueux*, dont les Espagnols les flétrissaient, ainsi les insurgés de la fin de l'Empire, les vaincus terrorisés des journées de juin 1848, les blouses, vouées à la haine des *gourdins réunis*, ces grotesques muscadins de 1869, se parent du mot *Canaille*, qu'on leur jette à la face, comme la suprême insulte.

Il faut l'entendre cet hymne, mugi par la voix d'airain, par la voix formidable de la Bordas, avec une passion farouche, avec le feu de la colère et de la haine qui brûle les âmes. Tous les vers de cette pauvre rapsodie sonnent et luisent dans sa bouche comme des épées, et le refrain orgueilleux :

C'est d'la Canaille !
Eh bien !... j'en suis !

claque sous sa langue, comme le rouge banderillo dont on attise la fureur du taureau. Elle s'enveloppe dans les plis d'un drapeau rouge, son bras étendu montre l'invisible ennemi qu'il faut détester et frapper sans merci. La foule se pâme : dans ces accents sauvages, elle reconnaît son inspiration, son intime pensée. Des mains, des pieds, elle applaudit. elle se lève, frénétique, elle crie : Bravo ! Bis ! La diva reprend le dernier couplet...

Un bouquet marque ce triomphe et l'achève.

Mais pourquoi la Bordas le reçoit-elle des mains très humbles d'un garçon de café ? Est-ce excès de modestie ? Où plutôt n'est-ce pas que le galant officier, introducteur des artistes, qui fit à Mlle Agar la politesse de lui offrir des fleurs, n'a pas voulu traiter à l'égal d'une pensionnaire de la Comédie-Française une simple chanteuse du café-concert de la Fraternité, faubourg Saint-Denis ? Le règne de l'Egalité n'empêche pas les menues distinctions et l'on sait les conserver les distances !...

Maintenant le concert languit un peu. Les rafraîchissements circulent : orgeat ! limonade ! bière ! Voisins et voisines s'entretiennent de la soirée. Des couples flirteurs sont descendus dans le jardin réservé, où les suivent d'autres couples flirteurs. Des lampions bordent les parterres ; les fleurs ouvertes aux baisers de la nuit répandent leurs parfums grisants, leurs aromes d'amour. Et cédant à la douce influence du mois de mai, insouciants du danger prochain, dont la canonnade les avertit, les prolétaires s'invitent par des caresses à propager la race éternelle des misérables.

XIII

ROSSEL

Les derniers jours du mois d'avril furent marqués par de graves éléments qui précipitèrent la chute de Cluseret et préparèrent l'avènement de Rossel. Je ne les raconterai point par le menu ; ce n'est pas mon affaire. J'essaye, en rappelant mes impressions, de peindre un épisode de la vie révolutionnaire, je n'écris pas l'histoire militaire de la Commune. C'est d'ailleurs à peine si je me souviens de toutes ces choses, faits et intrigues, jadis, à mes yeux de vingt ans, si considérables, et depuis tant de fois ressassées dans les parlottes de la déportation et de l'exil. Aujourd'hui, dans le brouillard de ce Passé, je distingue surtout des attitudes extraordinairement prétentieuses, des gestes faux, démesurés d'illuminés et d'énergumènes, et dans un coin de ma mémoire bourdonne le bruit vague de paroles enflammées que je ne comprends plus : fraternité des peuples, égalité des individus, paix universelle, fédération des communes de France et des travailleurs associés...

Hélas ! Hélas ! Des mots, des mots !

Le 28 avril, Cluseret va bourgeoisement, toujours en chapeau mou, inspecter la défense assez menacée des forts d'Issy, et de Vanves ; à son retour, il nous dicte cette dépêche bien enthousiaste pour un général en chapeau mou :

« Je reviens de visiter Issy et Vanves, la défense du fort d'Issy est héroïque. Le fort est littéralement couvert de projectiles et tout le monde rit, c'est grand ! »

Le 29, Cluseret, de très méchante humeur, se fâche, offre sa démission, et Delescluze, raide et glacial, Paschal Grousset, boutonné diplomatiquement dans une redingote exquise, Vermorel, grave et soupçonneux, l'écoutent avec la très visible envie de le prendre au mot. Cependant Cluseret a de justes griefs : sans le consulter, Dombrowki, pour favoriser une manifestation franc-maçonnique, a traité d'une suspension d'armes de quelques heures avec les chefs de l'armée versaillaise à Neuilly. Mais les francs-maçons exultent.

Voici précisément l'un deux, Simon Mayer, commandant de place, en costume d'apparat, chamarré de passementeries, de ferblanterie, ayant en sautoir le cordon bleu et les insignes du *vénérable*. A l'entendre, la paix immédiate ou la victoire prochaine de la Commune sont les conséquences inévitables de la manifestation des frères .·.. Au nombre de cent, ils iront processionner sur les remparts, il les franchiront, ils franchiront même les lignes ennemies, et parlementeront avec les officiers généraux de Versailles. Puis, s'ils ne sont pas écoutés, si les soldats de l'ordre ne se jettent pas sur-le-champ dans les bras des communalistes, ils reviendront planter leur bannière entre les deux camps, sur les talus de l'enceinte. Or cette bannière sacrée, qu'un seul projectile l'effleure, la déchire, et le conseil suprême de l'ordre, indigné, en appel-

lera à la France maçonnique tout entière; les *Enfants de la veuve* se lèveront en masse pour sauver Paris et l'humanité !...

Ce brave Simon Mayer nous débite ce merveilleux programme avec une admirable assurance; le moindre doute, on le sent, l'offensorait personnellement; et les blancs-becs de l'état-major l'écoutent bouche bée, convaincus, séduits par sa belle barbe d'or, son uniforme, les triomphants insignes de l'ordre. Plusieurs sont tentés d'entrer dans une compagnie si puissante, et le vénérable veut bien leur promettre sa protection.

Dans la nuit du 29 au 30, il arrive d'inquiétantes nouvelles du fort d'Issy, la veille encore héroïquement enjoué. Les Versaillais, par une attaque soudaine et très vive, se sont rendus maîtres de ses approches, ils en occupent déjà les tranchées. Exposée presque à découvert au feu de l'assiégeant, si elle ne préfère se réfugier en des casemates aux trois quarts effondrées, la garnison se voit bientôt prise, passée pas les armes, elle perd courage et son chef perd la tête.

Ce vaillant, le citoyen colonel Mégy, télégraphie :

— Envoyez-moi quatre mille hommes ou je quitte la place.

On lui répond :

— Vous aurez du renfort, mais tenez à tout prix.

Réplique du citoyen colonel, riposte de la Délégation : la nuit se passe à dialoguer. Cependant le jeune colonel Wetzel, commandant en chef les forts du Sud, a reçu l'ordre de se porter au secours du fort d'Issy : il doit en empêcher ou du moins en retarder l'évacuation. A l'aube, Cluseret et la Cécilia partent ensemble pour le seconder, sauver l'honneur. Mais ils arriveront trop tard. Le fort est abandonné. Son chef s'est enfui, bon premier; désorienté par cet acte de haute prudence, la garnison a suivi. Il reste pourtant quelqu'un au milieu des décombres, un adolescent chargé par le citoyen colonel de faire sauter la place, au moment où l'ennemi s'en emparera. Emu, mais résolu d'obéir à la consigne, le futur Viala de la Commune se tient, mèche allumée, près d'un petit baril de cartouches qui ne ferait sauter que lui-même : prêt au sacrifice, comme Iphigénie, comme elle, il donne à la vie des larmes de regret. On l'embrasse, on l'emmène, il sera cité à l'ordre du jour, et son nom vivra, entouré d'une auréole, dans les fastes de la révolution parisienne.

Tandis que Cluseret, La Cécilia et Wetzel, raniment l'ardeur des communalistes, repoussent les Versaillais, et rentrent dans le fort d'Issy, le citoyen colonel Mégy se présente à la Délégation, en homme qui vient demander des comptes et non pas en rendre, accuser non se défendre. Présomptueux favori, incapable idole des sectaires blanquistes, il connaît mieux que personne sa propre importance; il sait qu'il a le droit de commettre inpunément toutes les sottises, même celles que le Code militaire qualifie crimes. De là son imperturbable assurance. Après tout, si les culottes de peau, les prétoriens ne sont pas contents, il s'en moque.

Rossel le reçoit sévèrement :

— Pourquoi avez-vous abandonné votre poste?

Il se trouble un peu, mais bien vite insolent :

— Pourquoi ne m'a-t-on pas envoyé des renforts ? D'ailleurs, il ne me restait plus que dix-sept hommes : j'aurais pu être pris : ç'aurait été ridicule. J'ai laissé un homme chargé de faire sauter le fort.

— C'est une sorte d'affaire dont on doit se charger soi-même.

— J'accepte la responsabilité de mes actes devant la Commune.

— Parbleu ! c'est infiniment moins dangereux que de rester au fort d'Issy.

Pareille insinuation ne saurait même effleurer le citoyen colonel : il sort, sans ajouter un mot, digne, fier comme le juste. Ce n'est pas à lui de trembler, mais à ses accusateurs. S'il faut un traître pour expliquer l'échec d'Issy, une arrestation pour rassurer les fédérés, on arrêtera Cluseret, traître désigné. L'innocent délégué ne s'en doutait point, qui revenait couvert de gloire et de poussière ; il en fut ainsi pourtant. Au lieu d'une députation de la Commune, chargée de le complimenter, il trouva dans son cabinet le noir colonel Pindy, lequel, au nom de la commission exécutive, l'invita sans bruit à se laisser conduire sans esclandre dans un cachot de Mazas. Que vouliez-vous qu'il fît? il disparut sur le pas de Pindy, et on le revit plus. Rossel prit sa place.

Impassible, Rossel nous annonce ce double événement; si je ne me trompe une joie contenue perce sous son apparente indifférence. Il n'aimait pas son chef, il n'en était pas aimé, il ne l'estimait point homme de guerre, le critiquait amèrement en petit comité. Le 27, il avait fait mine de donner sa démission, soit qu'il fût las de jouer un rôle secondaire, soit plutôt qu'il voulût marquer nettement son impatiente envie de devenir le maître. En secret, il s'était acquis des partisans disposés à le pousser au pouvoir; il en avait dans la fraction ouvrière de la Commune et dans la presse socialiste. La citoyenne André Léo et le fougueux Camille Barère (depuis diplomate de la République opportuniste) lui dévouaient leur journal: *la Sociale;* Vallès et Rochefort, l'accueillaient avec sympathie dans le *Cri du*

Peuple et le *Mot d'Ordre;* Vermesh et Humbert lui donnaient volontiers du « bon bougre de patriote » dans le *Père Duchêne;* seul Félix Pyat, demeurait hostile : chose alors redoutable, l'hostilité de Félix Pyat !

La nouvelle dignité de Rossel ne le changea point; il l'attendait et parut en supporter légèrement le poids écrasant. Son visage sérieux et froid, sa parole claire et brève, ses manières aisées et réservées continuèrent d'en imposer. On se dit qu'un homme d'un maintien si ferme et d'une intelligence si précise devait savoir ce qu'il voulait, posséder un plan, être capable de l'exécuter. Il relevait encore cette confiance, à peu près générale au début de son administration, par une pointe de jeunesse, un sourire enjoué, un éclair de malice dans le regard. Il semblait fort et adroit, prompt à deviner les hommes, habile à les manier. Comme, au rebours de Cluseret, il croyait au prestige du costume, il prit et ne quitta plus l'uniforme militaire; sanglé dans une tunique de colonel du génie, un ample manteau rejeté sur leurs épaules, il avait bon air à cheval, et il aimait à se montrer au public

suivi du nombreux état-major dressé par Tourette, et où brillaient au premier rang, les culottes blanches et les aiguillettes du capitaine de Beaufort.

Connaissait-il les sentiments dont sa présence échauffait le cœur des hommes, des anciens soldats surtout, dévoués à la Révolution du 18 mars ? Avait-il conscience de sa force ? Etait-il capable d'en user ? J'étais loin alors de me poser ces questions et si on me les eût faites, j'eus certainement répondu par l'affirmative. Mais aujourd'hui, n'étant plus sous le charme, si j'évoque le fantôme du brillant officier, tué par les balles françaises à Satory, si je l'interroge, il me semble l'entendre me dire, triste et doucement ironique :

« Non, je n'étais pas l'homme que vous vous êtes figuré. Vous ne m'avez pas connu, je vous ai innocemment trompé. J'étais seulement maître de mon visage, de ma langue et de mes gestes, ils avaient une fermeté qui n'était point dans mon âme, mais je leur avais appris à ne me jamais trahir. La gravité de mon attitude cachait le trouble de mon esprit ; ma raideur dissimulait ma faiblesse : personne n'eût découvert l'indécision de ma pensée sous la franchise de ma parole. Jeune, ardent, instruit, lorsque j'ai vu ma patrie vaincue, humiliée, dépouillée, rançonnée, toutes les formes de gouvernement épuisées, tous les courages défaillants, toutes les volontés lasses, l'Empire honni, l'Assemblée nationale méprisée, la République menacée, les villes vaillamment désintéressées en butte à la haine des compagnes égoïstes et lâches, un rhéteur sénile devenu le chef d'une bourgeoisie expirante, le règne prochain de la gérontocratie, l'orgueilleuse résurrection d'un passé suranné, partout l'anarchie, nulle part un homme, j'ai cru que je pourrais être cet homme.

« Pourquoi pas? Si ce fut une illusion, je puis du moins l'expliquer. J'avais l'âge des générations nées sous la seconde République, grandies sous l'Empire, de celles à qui l'expérience enseignait le mépris des éloquences sentimentales et la haine des tyrannies grossières; jeune et généreux, je me sentais appelé à revendiquer les droits de la jeunesse généreuse. Je rêvais de marcher à sa tête contre nos ennemis communs et j'espérais les vaincre. Ma foi dans les ressources encore intactes de la patrie me transportaient au delà du présent désastreux, dans un avenir rayonnant. J'associais ma fortune à la résurrection de la France. Des projets se heurtaient dans mon cerveau; que n'avais-je le pouvoir de les éprouver? Mais s'il suffit parfois d'une harangue retentissante pour transformer un obscur avocat en politique du premier ordre, que peut un officier subalterne, eût-il du génie, contre la hiérarchie qui l'enchaîne? Il ne lui est pas permis d'en franchir les degrés. Fût-il seul en [illegible] sauver son pays par la supériorité de sa science et de ses idées, qu'importe? Cela ne le regarde pas, il n'est tenu que d'obéir.

« La Révolution du 18 mars m'éblouit, comme l'aurore d'une France nouvelle. J'accourus à Paris plein de confiance et de bonne volonté. On accepta mes services; je me promis d'organiser une armée. Je regardais la guerre civile comme une fatalité, mais le salut de la patrie devait sortir de cette crise suprême. Sans vouloir y réfléchir je m'exposais volontairement aux insultes, aux menaces. On allait m'accuser de désertion, de forfaiture;

j'avais fait à mes idées le sacrifice de ce que les hommes vulgaires appellent honneur.

« Mais cette période d'exaltation fut courte. Je m'aperçus bientôt que je ne connaissais ni les choses, ni les hommes du 18 mars. Je fus dans Paris comme un transfuge suspect, comme un traître déguisé. Elevé par un officier pour être officier, par un bourgeois pour être un favorisé, je me trouvais associé aux intérêts d'une classe qui n'était pas la mienne et chargé de soutenir des idées qui m'étaient étrangères. La langue courante de la Commune, je ne l'entendais même pas. Les mots Fédération, Socialisme, Internationale frappaient mon oreille pour la première fois. Je l'avoue, en mon intelligence façonnée par les rigoureuses déductions de la mathématique, ils n'avaient aucun sens précis, ou bien ils représentaient des utopies dangereuses, que j'aurais combattues dans l'autre camp. La turbulence, la témérité, l'incohérence de leurs partisans me les rendaient odieux, ces hommes blessaient à chaque instant mes habitudes de discipline. J'essayai vainement de les corriger, il me fallut leur obéir.

« Alors les idées simples, dont j'avais dans l'intimité de ma conscience masqué mon ambition, s'évanouirent au contact de la réalité, comme un pur mirage de l'imagination. Je n'avais plus qu'à me retirer, à me tuer pour expier l'inexpiable. Cependant l'ambition seule, mise à nu, me fit rester à mon poste. Désormais, j'allai parmi vous comme un rêveur désabusé, certain du sort qui m'attendait, impuissant à le conjurer et capable encore d'affecter la force et la sécurité. J'étais déjà perdu que vous me croyiez toujours invincible. »

Combien les événements accomplis justifieraient ces aveux du pauvre mort ! Quelle ignorance chez ce savant ! Quelle légèreté dans tous ses actes ! Comme il apprécie mal le milieu où il s'agite !

Son début est une première faute ; j'entends parler de la fameuse lettre « au colonel Leperche », major des tranchées devant le fort d'Issy.

« *Paris, 1er mai* 1871.

« Mon cher camarade,

« La prochaine fois que vous vous permettrez de m'envoyez une sommation aussi insolente que votre lettre autographe d'hier, je ferai fusiller votre parlementaire, conformément aux usages de la guerre.

« Votre dévoué camarade

« Rossel
« Délégué de la Commune de Paris. »

Devant cette missive d'une si étrange désinvolture, on se demande : Pourquoi traite-t-il le colonel Leperche de « cher camarade » ? Qui y a-t-il de commun entre lui, Rossel, chef de communalistes, et ce chef de leurs impitoyables ennemis ? Peut-on être le cher camarade d'un homme qui vous ferait fusiller sur l'heure s'il vous tenait ? Ce ton, ces façons de talon rouge sont-ils de mise entre le peuple et la bourgeoisie ?

Ainsi murmurent les révolutionnaires; les

anciens soldats, il est vrai, trouvent la bravade à leur goût et les jeunes gens applaudissent à la jactance du Délégué.

Le 2 mai, nouvelle faute à un point de vue différent. Pour vaincre la sourde inimitié des purs contre un officier de l'ex-armée, pour rompre la glace, Rossel apporte à la Commune une proposition inspirée, imitée de 1793 : Il demande qu'on organise dans chaque arrondissement des sous-délégations pour faire le recensement des habitants, distribuer des cartes d'identité, signaler et poursuivre les réfractaires, dresser l'état des chevaux existants et celui des appartements vacants, procéder à la recherche des armes et des munitions...

Esprit observateur, Rossel, sait bien que ces mesures sont inexécutables, en tous cas inutiles ; mais il espère se rallier les pontifes traditionnaires : Félix Pyat, Miot, Gambon. A ce dernier, qui s'enquiert de ses opinions en matière de socialisme, il répond avec un singulier mélange d'astuce et de sincérité :

« Je ne vous dirai pas que j'ai profondément

étudié les réformes sociales, mais j'ai horreur de cette société qui vient de livrer si lâchement la France; j'ignore ce que sera l'ordre nouveau du socialisme, je l'aime de confiance, il vaudra toujours mieux que l'ancien. »

Vaine déclaration! Comme elle a dû lui coûter, comme il doit en souffrir! Et elle ne lui amènera pas un ami de plus. Pour le remercier, la Commune le place sous la double tutelle d'un Comité de Salut public et d'un Comité de la guerre. Membres de ce dernier, l'architecte Arnold, le mécanicien Avrial, le ridicule Bergeret, le médecin Ranvier, Tridon le blanquiste siègent à la Délégation, tandis que Félix Pyat, Antoine Arnaud, Léo Meillet, Gélardin y promènent leurs soupçons vigilants, toujours aiguisés. Il doit complaire à ce Conseil des dix, s'ingénier à les flatter, à les rassurer, à les apaiser. Sans se laisser abattre, d'abord il s'y essaye. Il s'incline devant leur incapacité burlesque, il caresse leur importance, il les fait reluire. Le présomptueux Arnold, exigeant un rôle, il le prie de présider au recrutement de l'état-major. On regorge d'officiers d'état-major, n'importe, l'illustre architecte consent, puisque le bâtiment ne va pas... N'étant grand clerc, il n'exigera point des futurs candidats qu'ils prouvent des connaissances spéciales, mais il s'assurera de leur valeur intellectuelle et politique !..... L'incomparable architecte grandit de plusieurs pouces sa taille de héron; on le voit, pédant en binocle, pontifier gravement dans les bureaux, pêcher des sourires, attraper des sollicitations...

Avrial, qui croit aux obus à la dynamite, aux balles explosibles, empoisonnées, etc., est nommé directeur général de l'artillerie.

Bergeret, que son oisiveté fatigue et qu'il est si dangereux d'occuper, reçoit le commandement du palais de l'ex-corps législatif : les appartements sont vastes, les jardins spacieux ; si grand qu'il soit, il pourra s'y promener *lui-même*.

Gaillard père et Gaillard fils, l'un et l'autre cordonniers, et tous les deux orateurs communistes des réunions publiques, dirigeront la construction des barricades stratégiques projetées depuis longtemps, et destinées à fortifier Paris d'une seconde enceinte áussi solide que la première.

Le gâteau de miel ainsi partagé, Rossel s'imagine avoir la paix intérieure ; il a compté sans le Comité Central. Cette assemblée-phénix, dont la majorité vraiment influente est entrée dans la Commune le 28 Mars, et qui, dorénavant sans objet et sans mandat, a, solennellement hypocrite, déclaré le 26 qu'elle se retirait devant les élus, les mandataires réguliers du peuple, elle subsiste pourtant, renouvelée en secret, tient d'obscurs conciliabules, et toujours parée du nom fameux immortalisé par la Révolution, n'a pas un seul jour renoncé à jouer le premier rôle. Elle intrigue dans les municipalités. Un de ses comités, sous prétexte de surveiller les légendaires canons de Montmartre, détient l'artillerie, au grand dommage de la défense. Volontiers elle se serait plus tôt et plus intimement immiscée dans les affaires de la guerre, mais l'influence révolutionnaire de Cluseret l'en a éloignée. Astucieusement dirigée par Edouard Moreau, elle revient à la charge sous Rossel.

Très entouré, accablé d'avis, le nouveau

Délégué *est invité à partager le pouvoir avec la véritable représentation du peuple.* On lui représente qu'il trouvera dans l'adjonction du Comité central un supplément d'autorité, de prestige. Il cède, il croit habile de paraître persuadé, il espère balancer l'hostilité sourde de la majorité de la Commune par la sympathie intéressée qui lui est offerte. Il se presse même.

Le 4 mai, comme par une illumination subite, il informe la Commune « qu'il va mettre en pratique le concours complet du Comité central de la Fédération de la garde nationale pour les services administratifs et pour la plus grande partie des services d'organisation dépendant de la Délégation. La séparation des pouvoirs lui semble indispensable pour le recrutement du personnel » ; selon lui, il faut que « l'administration soit distincte du commandement » ?

Sans trop vouloir approfondir ces prétendus considérants, la Commune accorde au délégué ses conclusions; le Comité central s'installe confortablement au ci-devant Ministère; nous avons quarante ou cinquante maître de plus.

Et c'est tout justement la cour du roi Pétaud.

Malgré ces embarras, on organise, Rossel a son plan, conçu, réglé comme un problème de mathématiques :

Si avec x fédérés en fonction de battre y Versaillais, on parvenait à dégager les abords de Paris, vers le sud, par une ou plusieurs sorties combinées; on pourrait, les troupes sédentaires occupant l'ennemi par une fausse démonstration sur quelques points de l'enceinte, tourner les hauteurs de Meudon, de Chaville et de Viroflay, atteindre par divers chemins les avenues de Versailles, et spontanément occuper la capitale réactionnaire. Il reste à dégager les inconnues de ces équations; ce n'est pas facile. Pour la valeur de y, en l'évaluant à 80,000 ou 100,000 hommes, échelonnés sur une ligne de bataille trop étendue pour qu'on ne puisse espérer la couper, la tronçonner aisément, on ne se tromperait guère. Mais x? Que sera x? Grouper un ou deux milliers de gardes nationaux dans les circonstances critiques où nous sommes, est déjà presque un miracle, et il en faudrait réunir cinquante, soixante mille! Quel déficit! Et comment le combler? Tous les cervaux de la

Délégation sont en travail, les calculs se compliquent, les chiffres s'alignent.

Ici se révèle le génie organisateur de Rossel. Il dit :

« Avant de compter nos soldats, commençons par chercher dans le pêle-mêle de la garde nationale les éléments d'une armée sérieuse. Demandons à chaque légion selon ses forces, l'effectif d'un ou de plusieurs bataillons de marche, dont nous composerons des régiments, sous des cadres expérimentés. Ces régiments de quatre bataillons seront les *unités tactiques* que nous lancerons sur l'ennemi. Nous les casernerons, au besoin nous les cantonnerons hors de la ville pour les déshabituer du foyer ou du cabaret, les plier à la dicipline, les entraîner par l'exercice... »

Et Mayer se met à l'œuvre; lentement, méthodiquement, les états s'ajoutent aux états, les dossiers aux dossiers, mais de régiments de marche, point, hormis toujours sur le papier.

Au demeurant, ce n'est la faute de personne. Le projet de Rossel ne se réalise pas, parce que ce n'est pas un projet, mais un rêve, une hypothèse sur le néant. L'histoire le démontre, l'évidence le prouve. Jamais les milices parisiennes ont-elles accepté les devoirs, les obligations d'une armée régulière ? Rappelez-vous les compagnies bourgeoises d'Etienne Marcel, les Ligueurs, et les régiments de Corinthe du Cardinal du Retz : se privèrent-ils jamais des petites douceurs de la vie ? et de coucher avec leurs femmes, et d'un bon dîner ? Comme si ce n'eût pas été assez pour ces braves mutins de combattre leurs maîtres, l'âme bourrelée d'inquiétude et de remords ! La Fayette lui-mêne eût-il obtenu de ses gardes nationales, dans la première ferveur de la liberté nouvelle, une pareille dérogation à leurs paisibles habitudes ? Qui ne sait que les sections, s'il leur eût commandé de poursuivre hors de la ville, sur un vrai champ de bataille, l'infanterie de de Broglie et la cavalerie de Lambesc, tous les complices de Bouillé, eussent plutôt que d'obéir renoncé aux immortels principes de 89 ? Et ce sacrifice si rare, si pénible, on l'obtiendrait par la persuation des fédérés de 1871, déçus, aigris par les inutiles sorties du Siège, sceptiques, gouailleurs!... Allons donc !

Mais un projet, même impraticable, peut effrayer, et celui de Rossel sème l'inquiétude et l'envie en plus d'un endroit. Il choque des préjugés puissants, il trouble l'optimisme des révolutionnaires officiels, il menace des situations regardées comme acquises et des ambitions impatientes. On accuse le jeune Délégué de vouloir désorganiser la garde nationale, comme si elle était organisée; de diviser les forces de la Révolution, comme si elles étaient unies.

Les chefs de municipalités s'indignent : « En prenant à chaque légion ses meilleurs soldats, vous voulez donc livrer à l'ennemi, si par malheur il entre dans la ville, des arrondissements sans défense ? Montmartre ne serait plus Montmartre ! Belleville ne serait plus Belleville ! Inexpugnables citadelles du peuple, Monts Aventins du prolétariat, on trame votre abaissement, votre ruine ! »

A voix basse, les chefs de bataillon élus : « On veut, insinuent-ils. former une armée prétorienne en détruisant le principe de l'élection, en nommant des cadres dévoués au maître ! Le permettrons-nous ? »

Et les fédérés eux-mêmes : « Eh quoi, on nous casernerait, rationnerait, commanderait, on nous traiterait en soldats véritables ! Pour qui nous prend-on ? »

Ce tollé général, ces clameurs irritées, grandissantes, Rossel semble ne pas les entendre, mais de toutes parts une résistance plus ou moins ouverte paralyse irrémédiablement son action. Toujours impassible, mais impuissant, il assiste au destin des choses.

Trop tard, il essaie de montrer l'énergie du chef qui veut être obéi sans opposition ni débat. Par ses ordres, un peloton de fédérés qui, de sang-froid, ne fusillerait pas un gardien de la paix, campe en permanence au ci-devant ministère ; il le nomme plaisamment *peloton d'exécution*. Mais qui le craindrait ? Ne sait-on pas que c'est pour rire ?

Une nuit, certain officier se précipite effaré, poudreux, dans le cabinet de la Délégation :

d'une voix tremblante il demande à parler au Délégué.

— Que lui voulez-vous?

— Je veux lui dire, de la part du commandant du fort de Vanves, que nous ne pouvons plus tenir et que si nous ne sommes pas secourus avant une heure, nous rentrerons dans Paris.

— Votre message est bien hardi : n'importe, venez.

Rossel occupe dans un des pavillons de l'entrée, à l'entresol, une petite chambre d'employé : couché tout habillé, il veille.

— Entrez.

Laissant là le livre qu'il lisait, la figure hautaine, sévère, il interroge l'officier du fort de Vanves, et celui-ci troublé, interloqué, balbutie ce qu'il a à dire. Il l'interrompt brusquement :

— Comment osez-vous apporter ici de pareilles déclarations?

— Mais...

— Taisez-vous! Et c'est pour cela que vous avez abandonné votre poste! Vous êtes doublement coupable : de désertion et de lâcheté devant l'ennemi. Il faut un exemple, je vais le faire.

Il s'adresse à moi :

— Lieutenant, conduisez ce citoyen au peloton d'exécution et qu'il soit passé par les armes dans les cinq minutes. Pour toute formalité, prenez son nom.

Le condamné veut ajouter un mot, se défendre, il n'en a plus la force. Frissonnant, livide, il chancelle, comme s'il éprouvait déjà les angoisses de la mort violente.

— Allez ! dit Rossel, et il reprend tranquillement sa lecture.

Nous n'allons pas plus loin que la cour, le délégué nous rappelle :

— Lieutenant, faites accompagner cet homme jusqu'au fort de Vanves par quatre hommes solides, sous la conduite d'un officier. On verra s'il a dit vrai. En même temps télégraphiez à la Porte de Vanves l'ordre de tirer impitoyablement sur les fuyards, s'il s'en présente.

Rossel était capable de ces démonstrations fermes qui, servies par une physionomie imposante, laissent une impression durable et répandent de proche en proche le respect et la crainte du chef. Nul doute que s'il eût tenu dans ses mains un faisceau de troupes sérieuses, il eût bientôt pris sur elles l'ascendant le plus absolu et leur eût inspiré la plus aveugle confiance.

Mais les occasions sont rares, où il lui est donné de produire tout son effet; son énergie comprimée s'épuise en des luttes sournoises et mesquines. Le Comité de Salut public le surveille jalousement, inquisitionne, perquisitionne sans cesse autour de lui. Le Comité central l'enlace dans mille intrigues, le déloge de toutes ses attributions, et lui laisse une ombre de pouvoir. Ainsi tombe le voile qui lui cachait l'erreur de sa vie. Prisonnier de son ambition et de ses rêves, sans autre issue que la mort ou l'exil : d'où lui viendra la délivrance ?

Rossel est jeune, vigoureux, bien équilibré, la prévision de l'avenir ne l'inquiète pas longtemps et n'altère pas son humeur. Protégé par l'insouciance de son âge, il se distrait, cause, écrit. L'admiration naïve et l'affection dévouée de quelques jeunes enthousiastes, peut-être l'amour d'une maîtresse, le consolent des plus écœurants dégoûts.

Quand il peut, le soir, après une journée d'inutiles fatigues, s'échapper pour une heure ou deux du Ministère, son plaisir est d'aller rejoindre Séguin, devenu son chef d'état-major, et quelques rares intimes, dans l'entresol d'un vieux cabaret de la rue Saint-Dominique, où l'on peut dîner sans façon, les coudes sur la table. Là, ce bel esprit, moins actif que songeur, mais vif, original, curieux de la vie, avoue ses projets, ses ambitions, son amour de la gloire. Il juge les hommes et les faits en observateur sagace, bien qu'un peu superficiel. Sondant les chances de la Révolution, il questionne Avrial, Gélardin, Tridon sur le Socialisme, l'Internationale : — « Je cherche, dit-il un levier pour soulever le peuple, ne le trouverai-je pas dans les doctrines égalitaires, si je m'en déclarais le partisan absolu ? Secondé par le *Père Duchêne :* — 200,000 lecteurs ! — peut-être par le *Mot d'Ordre*, quelques journaux encore, ne pourrions-nous pas, au nez des vieilles barbes de 48 et des ridicules plagiaires de 93, entreprendre quelque chose de jeune, de neuf, de hardi, qui dérouterait les traditionnaires de la Commune et les routiniers de Versailles? Ah! si Paris voulait se serrer autour de moi, s'animer de mon ardeur, se jeter de tout son poids sur l'ennemi!... »

En petit comité, oubliant la politique, les préoccupations du moment, il s'entretient avec délices de ce qu'il aime par-dessus tout : la science, les beaux vers, les hautes pensées. Doué d'une mémoire prodigieuse, il sait infiniment et il y a peu de sujets sur lesquels il n'ait réfléchi. Sa voix est persuasive : il trouve sans effort à tous les propos engagés le mot juste et profond, l'expression pittoresque et charmante. Aussi est-il bien difficile de l'approcher sans être séduit, subjugué, et les sectaires eux-mêmes auraient de la peine à s'en défendre, si, toujours prudents, ils ne l'évitaient avec le plus grand soin.

Découragé sans avoir rien entrepris, en butte à l'incurable méfiance des révolutionnaires et à la haine exaspérée des hommes d'ordre, peut-être, au fond du cœur, regrettant sa carrière brisée, Rossel assiste à sa chute avec une sorte de volupté cuisante.

La prise du Fort d'Issy semble le ravir de joie, il se hâte de l'annoncer au peuple en termes d'une brièveté terrifiante : *Le drapeau tricolore flotte sur le Fort d'Issy*. Comme s'il voulait par cette phrase, exacte et perfide à la fois, affichée en un clin d'œil sur tous les murs, se venger enfin de ses ennemis éperdus, frappés d'épouvante !

De la fameuse lettre à la Commune, où il exprime avec une si amère éloquence ses griefs et ses rancunes, s'exhalent le cri de l'orgueil blessé, la plainte véhémente de l'homme supérieur méconnu, et aussi comme un soupir de soulagement et de haine satisfaite. Je crois lire entre les lignes cet adieu menaçant : Je suis perdu, mais nous allons périr ensemble !

Cette lettre est le dernier acte public du prestigieux officier, du patriote égaré, que ses anciens frères d'armes devaient, six mois plus tard, condamner à l'infamie du Poteau de Satory, à la mort honteuse du félon, sans égard pour les dons magnifiques de ce rêveur de vingt-sept ans ! On y reconnaît sa marque originale, la griffe de son caractère altier, spirituel et légèrement théâtral. L'ayant signée, au lieu d'entrer bénévolement dans la cellule de Mazas, qu'il a demandée et dont les portes lui sont ouvertes, il s'enfuit et se cache, pour échapper à la vengeance de la Commune.

Sa présence à la Délégation de la guerre sociale a duré neuf jours.

XIX

COMI-TRAGÉDIE

Rumeurs à la Délégation. On se trouble, on s'indigne, on s'évertue; chacun cherche dans ses papiers si on ne lui a rien pris. — Eh camarades, pourquoi tant d'émotion?

— Pourquoi ? Lisez :

Et l'on me tend le *Pilori des Mouchards*.

C'est une série de notices sur des hommes ayant servi l'Empire dans la police secrète. Ces notices sont précédées de leurs portraits, d'après photographies. Elles renferment toutes les indications des casiers : l'état civil, le signalement, la demande d'emploi adressée à l'Empereur ou au préfet ; elles énoncent les qualités, les actes de zèle.

Je parcours la feuille volante avec curiosité.

Soudain, un nom bien connu me saute aux yeux, un nom que j'étais loin de m'attendre à trouver là, et que cependant il ne me déplaît pas d'y trouver, à cause de mes vieux soupçons sur le personnage. Tourette, Tourette lui même, capitaine instructeur des officiers d'état-major, est exposé en toutes lettres et en effigie au Pilori des mouchards.

Hein ! se dit-on, le scélérat, comme il en imposait ! avec quelle adresse il avait su dissimuler l'espion sous les dehors du sectaire ! quelle roideur d'honnête homme dans sa manière d'obéir ou de commander ! Rossel et Séguin n'en peuvent croire leurs yeux, qui se reposaient avec tant de confiance ingénue sur ce tartufe !

On attend le traître, on espère qu'il viendra se livrer à ceux qu'il a trahis, mais le drôle a la puce à l'oreille, car il ne paraît pas. Courons chez lui, ce n'est pas loin, il loge au Ministère. — Il n'y est plus. — Alors, voulez-vous le rattrapper ? hâtez-vous de prendre le chemin de Versailles.

Cet événement inquiète sur l'avenir plus d'un officier de la Délégation, et moi-même je songe..... lorsque le commandant Séguin, m'appelle, et confidentiellement :

« Il est question, me dit-il, d'organiser un corps de réserve de la garde nationale ; j'ai pensé que votre expérience du métier serait, plus utilement pour la cause, employée à cette œuvre difficile qu'à notre secrétariat. Voici un mot pour le colonel Jaclard, de la 17me légion. En même temps, recevez mes adieux. Demain, après demain, peut-être, ni Rossel ni moi ne serons plus ici, on nous arrêtera, et Mazas nous attend, si ce n'est pis. Bon, n'allez pas nous plaindre. Au petit bonheur la chance. Il n'en arrive jamais d'autre en révolution. La Commune est d'humeur ingrate, mais elle est malade, c'est son excuse. Au revoir sur les barricades, ou adieu dans le néant [1] !

Au revoir donc, mon commandant, au revoir colonel Rossel, je vous laisse à vos débats

[1] Léo Séguin, condamné à mort par contumace, proscrit a supporté avec infiniment de dignité et de courage neuf années d'un pénible exil en Angleterre et en Amérique. — Journaliste intelligent, correspondant du *Télégraphe* pendant la guerre de Tunisie, il est mort au mois de juin 1881, à Béja, assassiné par un fanatique musulman, victime d'une héroïque imprudence.

héroïques et stériles contre l'inertie des choses.

Adieu, fringant capitaine de Beaufort, continuez d'arborer vos aiguillettes d'or et vos blanches culottes de peau de daim. Adieu, commandant Guérike, organisateur chimérique d'une cavalerie imaginaire ; adieu colonel Mayer, comptable émérite et persévérant d'effectifs qui se dérobent, infortuné dont les calculs promettent la victoire tandis que la réalité annonce la défaite, et dont les armées seraient si belles et si fortes, à la seule condition d'exister un tout peu. Et vous, pontifes du Comité central et du Comité de Salut public, vous, Chouteau, délégué aux écuries, et vous, Arnold, délégué aux examens, et vous X. Y. Z. délégués aux campements, à l'habillement, à l'armement, à l'artillerie, adieu, exercez sans moi vos incomparables talents !

Le colonel Jaclard, qui n'a de sa vie été soldat, est un homme jeune, grand, brun, nerveux, svelte, d'une allure déguingandé, toujours un narquois sourire au coin des lèvres. Sous l'uniforme, avec ses longs cheveux noirs, sa barbe taillée en artiste, son binocle, il a bien l'air d'un rapin ou d'un étudiant déguisé. Il est étudiant; affilié à l'Internationale, il y représente la jeunesse des écoles. L'audace de ses opinions matérialistes et révolutionnaires s'est jadis affirmée avec éclat aux congrès de libres-penseurs de Liège et de Genève.

Le colonel Jaclard, trois ou quatre officiers fédérés et moi, nous composons le comité chargé de l'organisation d'une réserve.

On nous assigne pour quartier général l'Hôtel Crillon, vis-à-vis le Ministère de la Marine; nous y serons à merveille. Ce grandiose immeuble est propriété particulière, mais ses locataires, des Polignac, des Gontaut-Biron, je crois, ayant abandonné Paris pour Versailles, et de plus réfractaires aux décrets de la Commune sur le service obligatoire, sont légalement dépossédés de leurs biens. Des gens de cette espèce ne sont pas pour être ménagés. D'ailleurs, par mesure d'ordre et de probité levant tout scrupule, le petit commissaire de police Le Moussu, correctement armé d'un arrêté de la Préfecture de police, et muni, ce qui ne gâte rien, d'une escouade de fédérés, va procéder dans les règles et les formes à la saisie des meubles, bijoux, objets d'art et de papiers quelconques des ci-devant.

Le voici, lui-même, accompagné de ses clercs, suivi du concierge de céans, qui tremble, son bonnet dans une main, ses clefs dans l'autre, ému d'une respectueuse frayeur. Et l'opération s'accomplit. Le Moussu inventorie, examine, palpe, soupèse et dicte ; un clerc griffonne. Les objets précieux et d'un transport facile sont emballés sur-le-champ, ils orneront le musée du peuple; les autres, dûment scellés, seront vendus à l'encan. Les tiroirs, comme des cassolettes, évaporent de subtils parfums d'autrefois, émanations galantes d'iris, de poudre à la maréchale, de peau d'Espagne..... On découvre les cachettes, on en fait sauter les serrures à secret, et des étoffes somptueuses aux nuances éteintes, des dentelles, des broderies armoriées, des colliers, des pandeloques, des broches, des médaillons, cent choses frivoles, charmantes et surannées, reliques des aïeules décapitées sous la Révolution, legs des douairières défuntes, sortent de l'ombre comme d'un cercueil, en secouant une poussière embaumée. Et des coffres de prix, brutalement forcés, livrent aux profanes des paquets de lettres intimes, odorantes, toutes jaunies.

Le colonel s'intéresse à ces lettres, il en prend une liasse, l'effeuille, et l'air enchanté de ce qu'il vient de lire :

— Devinez ce que c'est que cela? la correspondance de Marie-Antoinette et de son amie la comtesse Jules de Polignac, ni plus ni moins. Voilà une trouvaille, n'est-ce pas !

— Puis, tout en glissant la trouvaille dans une des poches de son manteau :

— J'emporte ces chiffons pour les lire chez moi ; vous permettez, citoyen Le Moussu?

— Peuh, fait le commissaire avec un geste d'indifférence.

Le citoyen colonel Jaclard, miraculeusement échappé de Satory quelques mois après cette aventure, sauvé de la mort ou du bagne qui l'attendaient, grâce sans doute à des influences mystérieuses, à des protections toutes-puissantes, a-t-il publié la correspondance historique de la reine Marie-Antoinette avec la comtesse Jules de Polignac? — Je l'ignore. — Mais ce souvenir, je le confesse, est le seul qu'il m'ait laissé pendant les jours rapides que nous passâmes ensemble dans l'appartement aristocratique de l'hôtel Crillon.

Que l'on n'ait pas le temps ni les moyens d'organiser une réserve, cela se conçoit sans peine. Certes, les hommes ne manquent pas; les neuf dixièmes de la garde nationale pourraient composer un effectif respectable: il suffirait d'un simple virement qui les ferait passer de l'armée active, où ils ne se battent pas, dans la réserve où ils ne se battraient pas davantage. Mais c'est bien d'organiser qu'il s'agit!

Les jours de la Commune sont comptés. Sans prévoir le dénouement de la lutte, les clairvoyants, les instinctifs pressentent qu'elle touche à sa fin. Il y a dans Paris l'excès de torpeur et l'excès d'exubérance qui précèdent les catastrophes; les manifestations sont plus nombreuses, plus bruyantes, les déclamations plus farouches. Dans la presse, dans les réunions publiques, dans la rue, on affecte une sécurité que l'on n'a plus; les tirades et les parole enragées sonnent le désespoir. La Commune redouble de violence; l'incohérence de ses arrêtés, l'enflure de ses discours prouvent son affolement. Enfin elle se divise : la minorité socialiste se sépare de la majorité jacobine ; ses membres vont bientôt mutuellement se proscrire ; elle se serait déjà dissoute, si l'autorité supérieure de Delescluze ne la maintenait : Delescluze, qu'elle a délégué à la guerre, où, vieillard malade, atrabilaire, lassé, découragé, il se débat comme il peut, dans un désordre sublime.

Malgré tout, on rêve, on s'amuse, et quels rêves inouïs ! et quels étranges plaisirs ! je me souviens de quelques-uns — consignés dans mes notes.....

Lundi 15 mai. — Nous avons, le capitaine F. et moi, visité la galerie où les tableaux des Polignac et de Gontaut-Biron attendent l'emballage. Il m'a dit : j'emporterai bien volontiers quelques-uns de ces tableaux chez moi, ils sont gentils. — Quelle idée ! — Cela vous surprend, mais n'y a-t-il pas assez longtemps que ces gens-là possèdent tout ? pourquoi n'aurais-je pas à mon tour ma galerie de tableaux ? — Je l'ai regardé très attentivement ; il était sérieux.

Mardi 16 mai. — J'ai vu tomber la colonne Vendôme ; elle s'est écroulée tout d'une pièce comme un décor, au coup de sifffet d'un machiniste, sur un beau lit de fumier. Aussitôt un grand nuage de poussière s'est élevé, tandis que s'éparpillaient, roulaient quantité de petits fragments, blancs d'un côté, gris de l'autre côté, pareils à de simples petits morceaux de plâtre bronzé. Ce colossal symbole des exploits de la Grande Armée, — auquel s'attelaient vainement pour le renverser nos ennemis de 1815, étrangers de l'intérieur et du dehors, — comme il était fragile, vide, misérable ! Il semblait avoir été rongé par une multitude de rats, comme la France elle-même, comme sa vieille gloire ternie, et l'on était surpris de n'en voir aucun courir aux égouts. La musique a joué des fanfares, je ne sais quelle vieille barbe a déclamé un discours sur la vanité des conquêtes, la scélératesse des conquérants et la fraternité des peuples, on a dansé en rond autour des débris, et l'on s'en est allé, très content de la petite fête.

Mercredi 17 mai. — Songeant à notre conversation de l'avant-veille, j'ai dit au capitaine F. : « Puisque les tableaux de l'hôtel Crillon sont confisqués, vous pourrez les admirer dans un musée de la ville; cela ne vous fera-t-il pas autant de plaisir que de les savoir chez vous? » — Il m'a répondu : « Ta ta ta ta, je déteste les musées. Contempler de beaux objets d'art qui ne sont pas à moi, m'agace et me tente ; j'ai envie de les emporter. Et puis, croyez-vous que je risque ma peau et ma liberté, sans en espérer certains profits : je ne suis pas si jobard ; chacun travaille pour son saint. » — J'ai vainement essayé de lui faire entendre que nous combattions pour l'Egalité, pour supprimer l'opulence et la misère en procurant le bien-être à tous, il m'a pris pour un fou, et s'est moqué.

Vendredi 19 mai. — On m'a envoyé ce matin à la Place. La table du salon, où l'on m'a introduit, était chargée de bouteilles de liqueurs et de verres mousseline ; autour de cette table, les citoyens officiers d'état-major fumaient d'excellents cigares, ils devaient même en fumer beaucoup, car il y en avait d'à moitié consumés sur tous les meubles.

Pourtant les visages semblaient inquiets,

soucieux, mécontents; la belle barbe de Simon Mayer, m'en a expliqué la raison : « C'est m'a-t-elle dit, que Delescluze a fait des siennes. Croyez-vous qu'il a eu l'audace de faire arrêter cette nuit de braves collègues qui prenaient un peu de distraction? Oui, mon cher, un chef de légion, deux sous-chefs, des commandants, des capitaines sont en ce moment au dépôt de la Préfecture ; on les relâchera, mais quel scandale ! » Je fis observer timidement. « Le cas est fâcheux, mais enfin les officiers devaient le bon exemple, et il faut de la discipline. » — La belle barbe souriait avec une douce pitié : « Allons donc ! mon cher. Quel mal faisaient-ils? Est-ce que les autres, du temps de Badingue et de Trochu, ne s'amusaient pas, eux? » Et le sourire de la belle barbe se changeant en rire épais : « C'était bien drôle tout de même ! savez-vous qu'ils étaient avec des femmes, chacun sa chacune, et ces dames presque nues ; on voulait les emmener comme cela, sans même leur permettre de passer une chemise...... »

Samedi 20 mai. — Comme on s'attend à un assaut, on nous a chargés, F. et moi, de signaler les points de l'enceinte où la défense laisserait le plus à désirer.

Notre ronde commence par la porte de Versailles. Les fédérés se baladent par groupes de trois ou quatre, dans la rue de Vaugirard; ils se tiennent par le bras, ils chantent; plus d'un chancelle : effet du soleil ou du vin. Ils vont d'un cabaret à un autre, traînant la jambe, bâillant; quelques-uns pour se désennuyer font le geste de tirer sur des maisons closes.

Nous nous arrêtons au collège des jésuites, occupé par les turcos de la Commune : de tout jeunes gens mêlés à quelques vieux lascars. Les faisceaux se croisent dans la cour, les portes de la chapelle sont béantes et des turcos, éclatant de rire, nous en font les honneurs. Ils rient de voir la Vierge Mère habillée en cantinière, saint Joseph en garde national et le petit Jésus, auquel on a mis des moustaches et la pipe à la bouche, coiffé du bonnet phrygien.

Devant la façade du collège, un cavalier a beaucoup de mal à se tenir à cheval, il penche à droite, à gauche, il se balance de la tête à la croupe, et le moment est proche où il va se casser le nez. Il jure, il sacre. Ce cavalier porte, sur un costume d'officier supérieur, deux écharpes écarlates à franges d'or, une à la ceinture, l'autre en sautoir ; on dirait d'un général de division de l'ex-armée, grand officier de la Légion d'honneur; et c'est tout bonnement Ch....., membre de la Commune, qui vient de sabler le vin des révérends pères.

A la porte de Versailles, quatre artilleurs, mais non plus de deux à la fois, servent tour à tour une pièce de sept appuyée contre une chétive barricade ; une dizaine de gardes nationaux regardent pointer, déchargent leurs fusils à l'aveuglette, vont boire un coup, reviennent et recommencent. A faible distance, on distingue les pantalons rouges des Versaillais, qui sont vraiment bien bons enfants de ne pas entrer. Le spectacle est le même à la porte d'Issy, à la porte de Sèvres, à la porte du Bas-Meudon : partout, une flânerie de fédérés insouciants, les mains dans leurs poches.

En revanche, dans les faubourgs de la rive droite où l'on craint l'assaut, sur les hauteurs de Passy, nous ne pouvons faire deux pas sans qu'une sentinelle croisant la baïonnette, nous crie : Halte-là ! Qui vive ? — Officiers de ronde ? — Vos papiers ?

Les Vengeurs de Flourens, de bleu-ciel habillés, veillent aux abords des batteries du Trocadéro. L'un deux veut absolument nous présenter au délégué du Comité de vigilance. « Ne m'en veuillez pas citoyens, nous sommes obligés de prendre des précautions extraordinaires ; du matin au soir nous arrêtons des Versaillais déguisés et des bourgeois conspirateurs. » Le délégué, un petit vieux qui se donne des airs hargneux de Fouquier-Tinville, nous répète la même chose, nous interroge et s'excuse.

Le Champ de Mars n'est pas sûr ; à chaque instant des obus y viennent tomber, fusent et s'enfouissent dans la poussière. D'une superbe tente, dressée au milieu, le colonel Vinot contemple stoïquement cette averse de projectiles. Pourquoi n'aurions-nous pas l'impassible philosophie du colonel Vinot ? Mon collègue, rédacteur du rapport, résume ses impressions en ces termes : « Les postes de l'enceinte sud, sud-ouest tiennent l'ennemi en respect, nos troupes se battent avec l'entrain et la bonne humeur qui caractérisent si hautement le courage du peuple ; de pareils soldats empêcheront à jamais l'ennemi d'entrer dans Paris, à moins de trahison..... Vive la Commune ! »

Lundi 22 mai. — Les Versaillais sont entrés dans Paris. Par la porte d'Auteuil. Elle était abandonnée. Un quidam leur a fait signe, déchaînant sur ses concitoyens, sur des milliers d'hommes, légères et folles victimes, la colère brutale, aveugle, féroce, de toute une armée exaspérée par une résistance imprévue, des ordres impitoyables et des exemples sanguinaires.

Le sinistre tocsin a retenti toute la nuit, les tambours ont battu la générale dans tous les quartiers. Les fédérés vont-ils se lever en masse pour repousser l'ennemi ou mourir en combattant, ou bien, courageux seulement à la minute suprême, se laisseront-ils égorger sans défense, comme un troupeau de moutons ?

L'affreuse nouvelle m'a fait trembler. J'ai eu peur, non d'aller me battre, mais de l'inconnu : massacre ou prison. J'ai réfléchi, j'ai hésité. N'appartenant pas aux cadres de la garde nationale, ignoré de la police du siège, je pouvais me cacher, m'enfuir, échapper à toute vengeance. En ma conscience, j'ai pesé mon devoir et ces chances : le devoir a pesé davantage. En abandonnant les hommes que j'avais dirigés, encouragés, ne commettrai-je pas une lâcheté? je me suis dit oui.

Mais où aller, sinon à la Délégation de la guerre ?

Sur mon chemin, les rues sont désertes, les maisons muettes, les fenêtres se ferment, les portes se verrouillent. Pas une âme dans les rues Saint-Lazare, du Havre, Tronchet; on entend l'écho d'une fusillade sur le boulevard Haussmann. Les barricades de la rue Royale et de la Place de la Concorde, construites à si grands frais et d'apparence formidable, ont à peine un défenseur; pourtant les batteries Versaillaises de l'Arc-de-Triomphe tirent sur la terrasse des Tuileries et sur le Ministère des finances. On voit les lignards immobiles sous les marronniers des

Champs-Elysées. Je me défile dans la rue de Rivoli : des balles sifflent à mes oreilles. Je traverse le pont de Solférino, et me voici devant l'hôtel de la rue Dominique-Germain, où j'entrais, il y a six semaines, dans toute la ferveur de mon enthousiasme révolutionnaire.

Aujourd'hui, quelle solitude effrayante ! Les portes sont ouvertes, les appartements vides, les papiers traînent partout, les tiroirs fouillés à la hâte, n'ont pas été refermés ; sur les bureaux gisent pêle-mêle des monceaux de lettres, de dépêches, d'ordres, toutes les archives de Cluseret, de Rossel, de Delescluze, tous leurs secrets livrés d'avance à l'ennemi, et où les conseils de guerre n'auront qu'à puiser pour dresser des listes de proscription et composer leurs réquisitoires. Stupide abandon décelant la terreur des fugitifs. Personne à qui parler, rien à faire : je vais à la Place.

... Que sont devenus les brillants officiers qui se pressaient dans l'hôtel de la Place Vendôme, autour du joli colonel Henri Prudhomme et de l'imposant Simon Mayer ? Des estafettes, des artilleurs, des délégués de bataillon les cherchent et ne les trouvent pas; ils sont partis, envolés comme une bande de faisans, au premier coup de fusil du chasseur. Mais ils ont omis d'emporter leur plumage, leur plumage écarlate et doré. Ce plumage, livrée de leur vanité, parure de leur lâcheté, il s'étale sur les fauteuils, les canapés, parmi les petits verres et les bouts de cigare, honteuse défroque ! Les braves gens en détresse venus dans ce palais de fantoches pour demander des ordres s'adressent à moi; que puis-je leur répondre, si ce n'est : « Mes amis, allons à l'Hôtel de Ville, tous ensemble. »

A partir du Palais-Royal, on commence à déchausser les pavés pour bâtir des barricades. « Citoyens, un petit pavé pour la commune! » Je donne mon pavé. Dans la cour du Louvre, on distribue à quiconque tend la main des revolvers, des fusils: j'accepte un revolver.

Sur la place de l'Hôtel-de-Ville, tourbillonne effarée une nuée de fantassins, de cavaliers, d'artilleurs conduisant leurs pièces. La porte centrale engouffre et vomit incessamment des bataillons réclamant des armes à tir rapide et des centaines d'hommes et de femmes qui manifestent leur dévouement à la Commune par des vivats et des chants à pleine gueule. Des estafettes arrivent ou partent au galop. Mais il n'y a plus même l'ombre d'une organisation ; le vertige égare toutes les têtes. On se rencontre, on se regarde, on se serre la main, on passe. Chacun va n'importe où, au hasard. La seule chose certaine et tangible, c'est qu'on déjeune; dans une vaste salle, chargée de victuailles, s'attable, mange et boit qui veut. Je rencontre un camarade : il est blessé à la jambe ; il me dit : « On attend Rossel, la Commune se décide à lui remettre le commandement, et Cluseret lui servira de second ; tout n'est pas perdu ! » J'aperçois Beaufort poudreux, mais reluisant, toujours en blanches culottes de peau de daim ; il sourit, et il ne voit pas, le malheureux, de quels regards haineux et vindicatifs le suit la foule qu'il bouscule avec sa raideur méprisante. Delescluze paraît, pâle, les yeux caves, voûté, triste ; on l'entoure, on lui demande ses ordres : « Que chacun, dit-il, se

rende dans son arrondissement respectif, et au fur et à mesure, s'il le faut, se rabatte sur le centre. »

A la Mairie des Batignolles.

Elle regorge d'officiers et de soldats. Malon, Jaclard président un conseil de guerre, où l'on cherche sur quels points de l'arrondissement il faut établir des barricades. Puis les voix, d'abord très animées, baissent; les fronts se penchent, se plissent; on n'échange plus que de rares propos, des réflexions mélancoliques. Les heures s'écoulent, mornes; parfois une estafette jette dans le silence du salon des nouvelles inquiétantes ou d'un optimisme invraisemblable, tantôt l'ennemi s'avance à grands pas, tantôt il est repoussé jusqu'à l'enceinte: Dombrowski est victorieux, Dombrowski est vaincu... Et la nuit tombe, nous enveloppe comme d'un suaire, et chacun, sans remuer, sans parler, s'enfonce dans son fauteuil et veille, espérant un miracle.

Mardi 23 mai. — A l'aube une troupe de

femmes, de guerrières, ayant le fusil en bandoulière ou sur l'épaule, et dans leur coiffure une cocarde rouge crânement posée sur l'oreille, s'offrent à défendre la maison commune. En tête, comme leur capitaine, marche la princesse Dmitrieff, ses longs cheveux au vent, la poitrine balafrée d'une écharpe rouge. D'une voix tendre et forte, elle dit : « Pendant que nos frères vont se battre aux barricades, nous réclamons l'honneur de garder la municipalité du peuple ; nous la défendrons jusqu'à la dernière goutte de notre sang. » On remercie les « vaillantes sœurs ». Et fières, afin de montrer à tous et à toutes l'exemple de leur courage, elles s'en vont par les rues, à travers les haussements d'épaule, les rires narquois des commères.

Tout au bout de l'avenue de Clichy, l'ennemi se défile, un à un, avec des précautions infinies, le long de la voie du chemin de fer, J'irai; mêlé à une poignée d'hommes, me placer derrière la première barricade édifiée à la hâte, sur sa route. Quand cette barricade sera prise, nous irons à une autre, nous reculerons, puisque nous ne pouvons avancer, mais toujours en résistant jusqu'à ce que nous soyons pris ou tués.

DEUXIÈME PARTIE

VAINCUS

DE PARIS A VERSAILLES

RÉCIT D'UN TÉMOIN

Je combattais depuis trois jours lorsque, le 24 mai, je fus pris au piège d'une ruse assez grossière.

Abrité derrière une chétive barricade, près de la chaussée Clignancourt, je tirais au jugé dans la direction des lignards que je ne voyais pas, et qui nous canardaient à coup sûr par les persiennes des maisons voisines. Un de mes camarades, frappé d'une balle en plein front gisait à côté de moi ; le soleil brûlant le décomposait à vue d'œil, il était déjà livide avec des tons violets...

Nous avions une pièce de sept et un obus de campagne et, de temps en temps, pour dénicher l'ennemi, nous nous amusions à lancer des projectiles dans les maisons closes. C'était mon tour de pointer la pièce, quand les pantalons rouges, venant on ne sait d'où, nous apparurent brusquement; ils avançaient avec précaution, sans tirer, le fusil contre le corps, en nous faisant des signes d'amitié. A leur tête un officier nous ouvrait les bras, comme pour nous accoler. On les entendait crier : amis! amis! la paix est faite! — Plusieurs camarades jetèrent en effet leurs armes, mais pour s'enfuir plus vite, tandis que moi, sans méfiance, j'allais au-devant de l'ennemi. Entouré aussitôt, déclaré prisonnier, on me conduisit en me bousculant à la mairie de Montmartre, où se trouvaient déjà beaucoup de gardes nationaux, d'ouvriers et de femmes arrêtés aux barricades ou chez eux, un peu partout et au hasard.

On nous ouvrit les portes mercredi, vers dix heures. Les soldats en armes dont la cour de la mairie regorgeait, nous entourèrent. Le 15e de ligne paraissait chargé de nous conduire à destination.

Où cela? beaucoup pensèrent qu'en atten-

dant un prochain interrogatoire, on nous emprisonnerait à Paris. Mais on nous réservait une surprise.

Sous la surveillance d'un capitaine, les soldats nous lièrent deux à deux par les mains; ensuite on fit la chaîne en attachant l'une à l'autre chaque-file de deux hommes par une forte corde à nœuds coulants. Les femmes se trouvant oubliées, l'officier s'en aperçut, ordonna qu'elles fussent amenées, attachées et placées à la suite, derniers anneaux de la chaîne infâme. Elle vinrent la tête haute, pâles, les vêtements en désordre. Elles avaient passé la nuit dans une cave de la mairie. Elles se soumirent sans se plaindre.

Les hommes n'eurent pas ce sang-froid. A tous une exclamation involontaire échappa : « Traités comme des criminels ! comme des forçats ! C'est ignoble ! »

Le capitaine entendit nos paroles. Il courut sur un de nous furieusement, l'injuria, le souffleta : « Dis encore un mot, brigand, je te casse la gueule. » Et il agitait son revolver.

La chaîne se mit en route entre une double

haie de soldats, qui marchèrent lentement sur les boulevards de Batignolles et de Courcelles, où les régiments de ligne avaient formé leurs faisceaux. Une foule de curieux se pressait contre les baïonnettes.

Soldats et populace se ruèrent sur nous, nous insultèrent. Des applaudissements partirent des fenêtres. Des voix crièrent : bravo ! on battit des mains.

A la hauteur du collège Chaptal, un cri parti de la meute hurlante commanda : Qu'ils jettent leurs képis ! — A bas les képis ! répétaient les agents. Les soldats, de la pointe de leurs baïonnettes, les officiers, de la pointe du sabre, jetèrent nos képis à terre.

Alors, notre aspect devint lamentable comme celui d'une troupe de vagabonds dirigés vers un dépôt de mendicité. De nos fronts, cuits par le soleil, la sueur coulait en grosses gouttes. La poussière de la prison et de la route nous avait noirci le visage. Nos cheveux nous retombaient sur la face, sur les yeux; nos vêtements sales, déchirés, accusaient la misère honteuse, répugnante.

Nous remplaçâmes nos képis par des mouchoirs que nous nouâmes au cou, ce qui nous rendit encore plus hideux.

Nous portions sous le bras un morceau de pain que plusieurs, fatigués, durent jeter à mi-chemin.

Ainsi avilis, nous avions bien l'air des repris de justice annoncés, dépeints et promis par les bulletins officiels : c'est ce qu'on voulait sans doute. Question de mise en scène.

Les femmes eurent beaucoup à souffrir. Des enfants surtout s'acharnaient à les insulter, leur jetaient des pierres, les poursuivaient, comme ils poursuivent les ivrognes, avec des mots, des grimaces et des gestes immondes. Effrayées, elles se serrèrent les unes contre les autres, pour se donner mutuellement courage. Quand leur marche se ralentit, les soldats les firent marcher à coups de crosse.

J'ai vu de bizarres violences. Une femme, rôdeuse de nuit dont la Commune avait peut-être contrarié l'industrie, s'essoufflant à courir pour se tenir à portée de voix, ne cessa de nous vomir des injures de l'Arc-de-l'Etoile à la porte de la Muette. Un petit homme, à figure de portier, l'imitait, agitant drôlement une petite canne de jonc, et son aigre fausset nous perçait les oreilles.

Nous nous arrêtâmes à la porte de la Muette où des cavaliers devaient nous prendre aux fantassins. Le détachement du 15e de ligne nous quitta en ricanant : « Ah ! ah ! Vous allez avoir la société des hussards ! Ils vont vous traiter comme vous le méritez, brigands, les hussards ! ! »

Le sabre au clair, les hussards se placèrent dans le même ordre que les fantassins et nous partîmes au pas de leurs chevaux, à travers le bois de Boulogne. La poussière des chemins foulés depuis six mois par l'artillerie et la cavalerie, s'envolait en nuages épais, nous enveloppait dans son tourbillon comme dans une trombe, nous aveuglait, nous suffoquait.

Nous crevions de soif. Sans cesse en haleine, les cavaliers aiguillonnaient notre marche, épiaient nos mouvements, nous prodiguaient la grosse insulte. La crainte avait glacé plusieurs de mes compagnons, ils frémissaient sous les menaces, et, tremblant comme des épileptiques, pleurant, se hâtaient.

A mesure que la marche s'accélérait, le nœud

coulant qui nous joignait les poings se resserrait, entrait dans la chair, horrible torture.

Combien furent sur le point de défaillir, et reprirent de l'énergie pour échapper à la mort, jurée aux traînards !

Nous nous pressions frénétiquement l'un contre l'autre, mus par des ressorts mécaniques, les yeux vagues, la tête baissée, n'entendant plus.

Un vieillard de soixante-dix ans environ succomba. Depuis un quart d'heure, son pas de plus en plus lourd rendait les mouvements de son compagnon de chaîne de plus en plus pénibles. Les hussards s'en aperçurent. Un deux asséna sur la tête du malheureux un coup de plat de sabre. Le détachement s'arrêta, transi d'épouvante, croyant à une exécution sommaire. Le hussard avait tiré son pistolet, l'armait. Un officier accourut. Le vieillard s'était affaissé, livide, les cheveux collés sur les tempes, les lèvres violettes. L'officier ricana. « Qu'est-ce qu'il a, ce vieux criminel ? Veux-tu marcher, misérable, où je te casse la tête ! Allons, vieille canaille, es-tu saoul ? » — Le pauvre homme fit un effort, se releva, marcha dix pas, et retomba. Les jurons des soldats redoublèrent, l'officier dit simplement : « Il faut le tuer, nous lui rendrons service. » Mais le chef ne le permit pas. Il eut pitié, une voiture se trouvait à quelque distance et l'on y plaça l'agonisant.

Le détachement reprit sa course. Un officier nous prévint qu'il ferait sans autre façon fusiller le premier retardataire. Il cria : « Vous prenez-vous pas pour des prisonniers de guerre ? vous n'êtes que des brigands ! »

Désormais la peur nous empêcha de broncher, nous rendit nos jambes.

A Boulogne les habitants nous regardèrent curieusement, sans mot dire. A Saint-Cloud, il y eut des cris, puis on nous fit marcher sur la route poudreuse qui longe la berge de la Seine et rejoint Sèvres au-dessous des radieux paysages.

Nous passâmes en jetant sur ces bois en floraison un regard désolé. Nous nous sentions retranchés de la vie, et le désespoir montait comme une saveur amère à nos lèvres, en murmures de repentir.

A Sèvres, à Chaville, on nous appela « Prus-

siens ! » Nous marchions avec âpreté, la bave à la bouche, n'ayant plus qu'une idée fixe comme notre douleur : nous arrêter pour boire. Mais on nous refusait un verre d'eau, et même on nous détournait de l'ombre pour nous exposer au soleil.

Le détachement était annoncé, attendu à Versailles. La foule prévenue, le guettait sur les larges avenues du Roi-Soleil, devant la façade de son château.

La société mondaine était là tout entière, incomparablement élégante, ineffablement heureuse d'assister à cette fabuleuse *première*. Petites, grandes dames avaient conduit leurs huit-ressorts à ce spectacle délicieux.

La chaîne apparaît, et les huées éclatent, ordurières, fangeuses, insensées ; les cavaliers y mêlent leurs gros rires.

Çà et là, dans la foule, on remarque des hommes plus irrités que les autres, plus prodigues de gestes et de paroles forcenés. Ils semblent donner le ton et la mesure ; on dirait des agents de police dirigeant l'indignation des « honnêtes gens », l'excitant.

On nous hurle : « On va vous faire votre affaire, gredins, fusillez-les tous ! »

Les dames et les filles battent des mains. Comme à Paris, les prisonnières sont les moins épargnées.

Une de ces pauvres femmes, frappée par un hussard d'un coup de plat de sabre, tomba. L'officier la fouetta du tranchant de son sabre au front, et, du même coup, mutila la main qu'elle portait à la tête, par un mouvement de douleur. Nous la laissâmes baignée dans son sang, à demi morte, harcelée par une tourbe infâme qui, de la pointe de l'ombrelle ou de la canne, levait ses jupes et lui piquait les jambes et le ventre, en proférant des mots obscènes.

La cavalerie eut peur pour nous d'un massacre sommaire. Elle prit le galop, nous dûmes la suivre, les poignets entamés, haletants sous de furibondes imprécations.

Un de mes compagnons reçut un coup de canne sur la tête, un bourgeois ayant franchi les rangs pour l'assommer. Il tomba.

Enfin, nous atteignîmes Satory, et à part la mort presque inaperçue de l'un des nôtres, fusillé à l'entrée du préau, je ne sais trop pourquoi, il n'y eut pas d'autres incidents [1].

[1] L'auteur de ce récit avait aussi décrit, d'après nature, les lamentables bivouacs de Satory, où des milliers d'hommes et d'enfants, entassés pêle-mêle comme un troupeau de bêtes féroces, entre des canons et des fusils braqués sur eux, sous le soleil ou sous les pluies, dans la poussière ou dans la boue, agonisant de faim, de soif et de fièvre, entendaient le jour des fusillades qui les décimaient, et la nuit les coups de feu isolés par lesquels on abattait, comme des poupées de tir, ceux qui tentaient de se remuer pour dégourdir leurs membres enkylosés, ou pour soulager leurs entrailles dysentériques...

Il avait raconté encore les atroces saisons passées, avec ces milliers d'hommes, sur les pontons-prisons, dans les rageuses vermines et les promiscuités ignobles, en pouilleries et en querelles également immondes.

D'autres ont par ouï-dire retracé ces supplices que nous avons subis; nous ne voulons que les rappeler : Ce livre ne devant pas être le Musée des horreurs accomplies, son but n'étant pas plus d'attiser les haines amorties des victimes que d'évoquer les impossibles remords des bourreaux.

TROISIÈME PARTIE

DÉPORTÉS

I

UN DÉPOT DE CONDAMNÉS A LA DÉPORTATION

En sa qualité de chef-lieu du département des Côtes-du-Nord — et pour se conformer aux lois — Saint-Brieuc possède une maison de correction et d'arrêt, située un peu en dehors de la ville.

Est-ce bien une maison de correction ? On le dit, mais c'est plutôt un asile, un refuge à l'usage des pauvres, et s'il faut absolument que ce soit une prison, c'est une prison de famille, de la grande famille bretonne. Rien de moins rébarbatif que ses bâtiments en pierres moussues. Devant sa façade, quelques petites vaches noires broutent paisiblement l'herbe folle d'une prairie. Ses préaux ont des tilleuls. Son aumonier aux joues fleuries et au ventre imposant semble vous donner sa bénédiction, et les sœurs grises — des geôlières — au visage très doux, sous leur cornette blanche, ont le sourire mystique des saintes femmes peintes sur les vitraux gothiques.

Tout cela vous a un air d'accueil si bénévole, si engageant, que nombre de mendiants et de vagabonds, — fi am Doué, qu'il y en a ! — au commencement de l'hiver, lorsqu'on chôme dans les fermes, ne peuvent se défendre de la tentation de frapper à la porte.

— Qui est là !

— C'est moi, Kerkomac ; je désire entrer.

— Avez-vous un permis du tribunal ?

— Oh ! oui, mon bon monsieur. Je suis condamné par nos bons juges à trois mois de prison.

— Mais je vous ai déjà vu, l'an passé.

— Oh ! oui, monsieur, je suis récidive. C'est toujours la même chose. A c't'heure on ne travaille plus, et faut ben manger. Dame, vaut mieux être ici qu'à la campagne puisqu'on est logé, couché, nourri et le reste.

— Soyez le bienvenu, mon garçon.

Et que le sort de Kerkomac et de ses compagnons, hommes et femmes, ne vous tourmente pas. On ne leur fera pas de misères. Ils travailleront bien un peu à la fabrique de chaussons de lisière, mais à part ce léger tracas, ils écouleront le temps de leur captivité le mieux du monde, en pieux exercices, confessions, communions, messes, retraites, chants de cantiques et de psaumes. Si bien qu'ils partiront de ce lieu de délices un peu plus catholiques, et paresseux tout autant. Paix à ces mœurs patriarcales! La prison en Bretagne a remplacé le manoir féodal hospitalier; l'instruction et l'industrie, celle-ci offerte et celle-là donnée à tous, feront sans doute un jour disparaître la prison.

Nous occupions dans cette prison du bon Dieu une salle longue, blanchie à la chaux, meublée à droite et à gauche d'un lit de camp peuplé d'une sainte vermine. Le soir, au moment qu'étendus sur nos paillasses nous comptions dormir, rêver peut-être de liberté, des milliers d'animalcules s'empressaient de nous rappeler à la réalité des choses. Supplice non pareil. Nous nous en plaignions quelquefois, mais le gardien-chef avait réponse à nos observations.

— La vermine ! disait-il, vous ne pouvez supporter la vermine? Vous plaisantez, probablement. Comment vivraient nos Bretons, si la vermine était un si grand mal? Assez, d'ailleurs sur ce sujet, ou je vous fais mettre en cellule!

Nous comprenions alors qu'il fallait se garder de froisser les opinions d'un gardien-chef en attaquant les institutions de son pays, et nous nous taisions.

Après les nuits d'insomnie, des jours d'affreuse tristesse : notre existence se décomposait ainsi.

Notre situation de déportés — en expectative — nous dispensait du travail obligatoire. Nous ne tressions pas le moindre chausson de lisière ; si quelques-uns s'adonnaient à la préparation de la charpie, c'était de leur part gracieuseté pure. Il est vrai, d'ailleurs, qu'ils

gagnaient, en effilochant douze heures de suite, un peu plus de dix centimes par jour. Un joli dernier, comme on voit.

Quand l'administration avait prélevé sur ce salaire la prime d'entretien de la prison, il restait bien au bout du compte une pipe ou deux d'un délicieux caporal à fumer le dimanche, et l'on était assez payé de sa peine.

De toutes les privations justement infligées aux malfaiteurs, la plus cruelle doit être celle du tabac. Pour y échapper, aspirer un instant la fumée de n'importe quoi, du linge émietté ou de la poussière de bois brûlé, les condamnés des maisons centrales ont recours à d'invraisemblables moyens et bravent d'effrayantes punitions : la cellule au pain et à l'eau, les fers, la crapaudine... Pendant la route, des forçats embarqués à bord du *Navarin* nous ont offert et fait toucher du doigt un billet de mille francs pour un paquet de tabac. Nous aurions pu nous enrichir en vendant nos provisions à ce prix exorbitant. Pourquoi ne l'avons-nous pas fait? — Conscience et méfiance...

Des capitaines, des chefs de bataillon de la garde nationale, voire des délégués aux comités de vigilance, acquéraient une singulière habileté à faire de la charpie, mais ils perdaient de leur prestige aux yeux des gardiens qui, ne retrouvant plus en eux les chefs renommés de la Commune, se riaient de leurs prétentions à passer pour des détenus politiques.

Il est vrai qu'il ne se pouvait voir de gens plus soumis et prévenants. On les avait voulus chantant des cantiques et des psaumes comme les Bas-Bretons, et ils chantaient des cantiques et des psaumes. Un jour il plut au gardien-chef, soucieux de prévenir les évasions et pensant bien, en homme avisé, qu'ils n'oseraient pas s'échapper tout nus, — de leur demander leurs culottes, à l'heure du coucher. Ils donnèrent leurs culottes. On appella les déportés du dépôt les *Sans-Culottes* de Saint-Brieuc.

La clémence du maréchal, un peu bégueule, exigeant, pour se prononcer en faveur de ses soupirants, un recours en grâce; les recours pleuvaient à l'Elysée. Sage et prudente, la clémence se décidait lentement. Mais s'il lui arrivait de lancer un arrêt sur la maison de Saint-Brieuc, un des nôtres tombait aussitôt foudroyé de quinze ans de détention et il fondait en larmes. Notez qu'il attendait la liberté ou au moins le bannissement; la déception était rude.

Comme nous étions en 1877, ces « grâces extraordinaires » donnent une idée large de la durée que M. Mac-Mahon assignait à la répression. L'avenir des « graciés » du maréchal n'était pas gai; on s'explique les pleurs qu'ils versaient en y songeant. Mais de tels accès de sensibilité ne sont point d'hommes politiques, et cela démontre encore que la révolution du 18 mars, mouvement purement populaire, accidentel et spontané, compta très peu d'hommes résolus, unis pour défendre une cause et pour atteindre un but politique déterminé.

Le dépôt de Saint-Brieuc comprenait, dans un cadre restreint, les éléments divers et mélangés de cette révolution fameuse. Il était facile de se convaincre, en étudiant les caractères, en écoutant les révélations de ce groupe de déportés, que des circonstances extraordinaires seules avaient pu joindre dans une même action des hommes profondément séparés par leur éducation et leur passé, sans idées ni tendances précises communes.

On y voyait toutes manières de gens : des bourgeois instruits et sceptiques, des ouvriers honnêtes et convaincus, des loupeurs d'atelier, des souteneurs de filles, de pauvres manœuvres stupéfiés de se trouver là. Le chef de légion y coudoyait le simple garde national et presque toujours le simple garde valait mieux. Celui-là rêvant une position et, pensant acquérir subitement les capacités d'un officier supérieur en en chaussant les éperons, s'était cru « arrivé »; celui-ci s'était dévoué pour la République — ou pour les siens.

Frappés de la même peine, ils attendaient ensemble la déportation et passaient ces loisirs à s'accabler mutuellement de reproches injurieux.

— Les chefs nous lâchaient, disait l'un.

— Tels soldats, tels chefs, ripostait l'autre.

— Il vous fallait du galon pour la faire à la pose.

— Et vous du vin pour vous saouler.

On vivait entre toutes ces aigreurs et ces vulgarités excitées, lasses de se retenir, en plein rut. Puisqu'on était en prison, tous égaux, on pouvait bien se dire la vérité, à la fin. On en profitait largement. Il n'y avait là pas plus de gêne que de distinctions sociales. Blouses et paletots disparus, restait la casaque pénitentiaire, l'uniforme de l'égalité, sous lequel tous les condamnés étaient confondus : les uns frémissant de leur humiliation, les autres y trouvant presque un charme, puisqu'ils n'étaient pas seuls à la subir et que des « bourgeois » leur tenaient compagnie.

— Tous dans le lac ! s'écriait plaisamment un voyou.

De types tranchant sur l'insignifiance de l'ensemble, point. Seulement, quelques physionomies franchement populaires ou populacières, physionomies d'hommes étrangers à la politique et frappés de la peine capitale du Code politique, se détachaient çà et là, remarquables par leur cynisme ou leur hébétement.

Non, il n'était pas un homme politique, ce pauvre Grandfin, condamné par le conseil de guerre à la déportation dans une enceinte fortifiée. Nous le surnommions Jean Valjean. Il avait du héros de Victor Hugo, avant sa transformation mentale, la naïveté étonnée et triste, la conscience obscure du mal immérité qu'on lui infligeait, la résignation ahurie et sombre. Manœuvre dans une blanchisserie de Saint-Denis, où il gagnait 4 francs par jour, on l'avait pris là, et avec lui son petiot, âgé de cinq ans. Or, de lui, le conseil de guerre avait fait bonne justice. M. le commissaire du gouvernement le chargeant de tous les crimes, et la tenue de l'accusé, sa barbe hirsute, son état de dénuement et de misère plaidant contre lui ; sa stupidité même, son air hagard, ses balbuties, son involontaire insensibilité passant pour le comble de la dissimulation et de l'endurcissement, ses juges n'avaient pas hésité, en le condamnant au maximum de la peine, à donner raison au procureur de caserne.

Quant à l'enfant; l'Assistance publique l'avait recueilli, placé bien loin chez des paysans, dans un département du Midi. Le père en recevrait des nouvelles une ou deux fois l'an ; l'administration ne pouvait promettre davantage.

Cependant Grandfin, simple garde national, ne savait pas lire, et combien j'avais vu, au Cherche-Midi, de jolis messieurs, du temps de l'insurrection brodés et chamarrés sur toutes les coutures, de ceux qui passaient joyeusement le temps chez Péters, combien j'en avais vu d'acquittés, à l'unanimité des voix ! Des larmes répandues à propos, des sanglots, un repentir bruyant, un avocat disert, habile à tirer parti de cette douleur simulée, faisaient tous les frais de leur innocence.

Joseph, — dit la Terreur des marlous et la Clef des cœurs, — était d'une autre étoffe que Grandfin. On le connaissait bien et depuis longtemps dans les bals distingués de la banlieue et des barrières, au Grand-Chêne, chez Bourdon, à la Patte-de-Chat. Les « pétasses » ne lui résistaient pas, et les « megs » le craignaient. Rien ne manquait à la gloire de ses rouflaquettes. — Il savait à fond l'art de donner un mauvais coup, le « coup du lapin, » sans être soupçonné de la police. Oh pardieu ! c'est bien simple. Vous prenez un mouchoir, vous en faites un sac que vous remplissez de sable, et le soir, comme par mégarde, vous en frappez le « pante » au bas-ventre ou au sternum, d'un coup sourd. D'abord la victime ne sent rien, ne soupçonne pas la gravité de sa blessure interne, puis une grave affection se déclare, et elle succombe à d'atroces souffrances, sans pouvoir même désigner son assassin.

Voilà du moins ce qu'enseignait Joseph, dit la Terreur des marlous et la Clef des cœurs ; ce qu'il avait appris dans ses longs voyages en Afrique, parmi les « joyeux » des compagnies de dicipline, sur les vaisseaux anglais de la Baltique, car il avait vu bien du pays, allez ! et ne craignait rien au monde, hormis les gendarmes, dont il avait une peur bleue !

Nous étions depuis six mois à Saint-Brieuc, nourris quotidiennement d'un litre de bouillon maigre, de cent cinquante grammes de légumes verts et d'eau fraîche à volonté ; et ce régime, capable de mettre en terre l'homme le plus vigoureux, nous avait déjà donné la forme vague et la transparence diaphane d'êtres surnaturels, imaginaires, lorsqu'on nous annonça la visite de M. l'inspecteur des prisons.

Le visiteur attendu, *inspector medicinalis carcerum,* appartenait à l'espèce officielle — *species officialis* — variété des inspecteurs de prisons, dont les caractères distinctifs, parfaitement décrits par tous les prisonniers observateurs : tête chauve et vide, yeux à lunettes, démarche solennelle, parole rare et insignifiante, physionomie à la fois satisfaite et blasée, n'ont jamais sensiblement varié.

Il devait examiner notre état physique et constater si le régime sain et frugal de la prison nous avait laissé juste assez de force pour faire en cage un voyage de six mille lieues à travers les mers.

Comme il n'en était pas à sa première observation, il lui était aisé d'apprécier à première vue ce qu'avait d'ingénieux le système d' « entraînement » qui, sous le prétexte de nous préparer à la déportation, nous acheminait par une voie lente, mais sûre : — Chi va piano và sano, — à la mort par inanition.

Nous l'attendions avec une vive impatience

et une légitime curiosité, partagés entre la joie d'être reconnus moribonds, et admis à faire valoir nos droits à un enterrement sommaire dans la fosse commune de Saint-Brieuc, et la crainte d'être cotés bien portants, « bons pour partir ».

Nous étions, sans doute, d'une maigreur idéale, et sur la simple apparence, un savant bien intentionné pouvait nous juger capables de servir, convenablement préparés, bouillis, démontés et revissés, à la décoration d'un muséum d'histoire naturelle, section des pièces anatomiques. Toutefois, il nous restait encore assez de peau sur les os pour faire illusion sur notre vitalité. Que déciderait M. l'inspecteur ? L'amour de la science l'emporterait-il, ou serait-ce le respect de l'autorité et la crainte de lui déplaire, en n'expédiant pas nos personnes décharnées en Nouvelle-Calédonie ?

Le cas était perplexe et singulier.

M. l'inspecteur entra, suivi du représentant ordinaire de la Faculté dans la maison de Saint-Brieuc : un homme charmant, très imbu des principes de Diafoirus et de l'immor-

tel Sangrado, et qui, volontiers, nous eût ordonné la saignée quotidienne pour activer l'effet rapide de l'eau chaude qu'on nous distribuait deux fois par jour.

M. l'inspecteur, une des lumières de la science, avait heureusement d'autres idées. Son aspect vénérable prévenait tout de suite en sa faveur. Bon Dieu ! qu'il était vénérable ! De sa tête chenue de longs cheveux blancs descendaient en boucles sur ses épaules, son visage plein et rasé avait un air de compassion si parfaitement sincère qu'il nous semblait que M. l'inspecteur se contenait avec peine pour ne pas gémir avec nous sur notre sort infortuné et nous presser fraternellement dans ses bras.

Sa voix émue, mouillée, répondait à ce portrait et justifiait notre première impression.

— Mais ils sont très bien ici ! dit-il. C'est aéré, spacieux. Belle prison, sur ma foi ! — Ce sont des condamnés à la déportation, n'est-ce pas ? — Ils ont tout à fait bonne mine. — Ont-ils un régime spécial ?

— Non, monsieur l'inspecteur ; il sont au régime ordinaire, maigre et rafraîchissant.

— Rafraîchissant ? — Vous dites vrai. Excellente idée. Il ne faut pas les échauffer ; dans leur position, ce serait dangereux. — Mais je veux les interroger. — Voyons, mon garçon, comment vous trouvez-vous ici ? Bien, n'est-ce pas ?

— Pas tout à fait, monsieur l'inspecteur.

— Comment ? que dites-vous ? Parlez, mon garçon, parlez ; je suis ici pour écouter vos réclamations. De quoi vous plaignez-vous ? N'avez-vous pas bon air ?

— L'air ne manque pas, monsieur l'inspecteur. Mais la nourriture est insuffisante.

— Insuffisante, se peut-il ?

(*Se tournant vers son escorte*)

— Qu'en pensez-vous, messieurs ?

(*L'escorte, tout d'une voix*)

— Le détenu exagère, monsieur l'inspecteur. Nos Bretons se portent admirablement. Nous n'en avons jamais de malades.

M. l'inspecteur, après un moment de profonde contention d'esprit :

— Les prisonniers travaillent-ils ?

— Les prisonniers de droit commun, les

Bretons travaillent, oui, monsieur l'inspecteur, mais les déportés ne travaillent pas.

— Ah ! et pourquoi ?

— Le règlement les exempte du travail.

— Le règlement a tort. Tout le mal vient de là. Fâcheuse exception, lacune regrettable ! J'en écrirai au ministre. C'est l'oisiveté qui creuse l'estomac de ces gens-là. S'ils travaillaient, il auraient trop à manger de ce qu'on leur donne. Il faudrait établir ici, comme en Angleterre, le Tread-Mill, ou le Crank, ou le Shot-Drill ! Ils ne s'ennuieraient pas, et tout irait bien, très bien. En résumé, mes bons amis, je suis content de vous voir en bonne santé. Je vous recommande le calme, la résignation. Ne vous tourmentez pas. Je pense que vous ne tarderez guère à partir, et je vous souhaite d'avance un bon voyage. Au revoir ! au revoir !

— Là-dessus, M. l'inspecteur nous quitta, évidemment charmé de sa propre bienveillance, pour se livrer un peu plus loin à de pareils exercices de prestidigitation philanthropique.

Huit jours après la visite de cet inspecteur inimitable, le gardien-chef vint à nous avec un sourire mielleux qui n'annonçait rien de bon.

Règle générale : Quand un geôlier sourit à ses prisonniers politiques, c'est que les affaires de ces derniers sont désespérées.

Le 16 mai précédent, le même gardien-chef s'était servi de la plus câline de ses risettes de sphinx pour nous apprendre — en cela simple écho du clan légitimiste et clérical de Saint-Brieuc — la formation d'un cabinet *homogène* et le licenciement des députés.

Cette fois, toujours enfermé dans la parfaite bonhomie de son caractère, il nous lut d'une voix trempée de larmes de crocodile, l'ukase de M. de Fourtou qui nous dépêchait vers la Nouvelle-Calédonie. au nombre de six Français et de sept Arabes.

Restaient à Saint-Brieuc une dizaine de Français au moins, réservés pour une prochaine exécution — et probablement même — (la marche militaire et cléricale de M. Mac-Mahon autorisait cette supposition) — destinés à l'ornement d'un futur autodafé, allumé en grande pompe sur la place publique de Saint-Brieuc.

La voix étranglée par l'émotion, nous fîmes nos adieux à ces infortunés, que nous nous représentions involontairement marchant au bûcher, au son glorieux d'une musique de ligne, revêtus pour la circonstance d'une chemise souffrée et d'un beau san-benito, coiffés d'une mître ornée de diables fourchus et de flammes d'Epinal, et portant dans leurs mains chacun un cierge du poids de six livres.

Comparé au sort qui les attendait, le nôtre avait des charmes. Cette pensée consolante nous rendit moins pénibles les huit heures de trajet en wagon cellulaire qui nous séparaient de la bonne ville de Brest.

II

UNE CAGE A BORD DU *NAVARIN*

Le 1er octobre, le capitaine d'armes du *Navarin* nous ouvrit sans cérémonie la porte aux gonds énormes, dûment cadenassée et verrouillée, de la cage qui nous était destinée. On nous accordait gracieusement seize mètres cubes d'air vicié, pris au choix dans les ténèbres de la batterie basse, pour respirer, nous mouvoir, coucher, manger et remplir en un mot toutes les fonctions animales essentielles. Des pourceaux se fussent trouvés mal à l'aise dans cet espace insuffisant, saturé d'odeurs fétides, que nous partageâmes avec les Arabes. D'un côté, nos graves compagnons de route, roulés dans nos burnous, s'affaissèrent sur le plancher, le corps étendu, et dans cette attitude orientale, indifférents à tout ce qui les entourait, insensibles aux privations comme aux bourrasques, passèrent les cent six jours de la traversée. Ce qu'ils n'occupèrent point, c'est-à-dire un peu moins de la moitié de la cage, nous fut laissé pour en user à notre fantaisie.

Je renonce à décrire les agréments d'une existence ainsi ménagée. Une prison flottante, un ponton en mouvement, de tous les supplices imaginables, voilà le plus raffiné, le plus ingénieux, le plus complet. De toutes parts des barreaux solides nous séparent du reste du bâtiment. Les passagers curieux viennent y coller leurs visages effarés pour voir, encagés comme des fauves, quelques hommes enveloppés d'ombre, mornes ou querelleurs. Nous n'avons droit ni à l'air, ni à la lumière. Le sabord fermé a d'énormes grilles; et le hublot vitreux, œil glauque du vaisseau ouvert sur l'Océan, filtre à peine dans notre cloaque quelque lueur d'un jour douteux. Peu à peu la vue s'accoutume à ce clair-obscur; on parvient à se reconnaître, à distinguer les objets, à se remuer sans se heurter. Mais il faut renoncer à lire, à écrire, aux jeux qui font passer le temps; l'oisiveté absolue de l'esprit s'ajoute à tant de souffrances physiques et les aiguise, les affine en tortures incessantes.

Je dirai les aimables qualités qu'une telle situation développa spontanément chez les proscrits.

La misère, pierre de touche infaillible, met rapidement à nu l'homme moral, écaille, fait sauter par couches le vernis de civilisation qui recouvre et dissimule son égoïsme, et le rend à la libre expansion de ses instincts personnels. Les généreux deviennent avares, les doux se font rudes, les polis grossiers, les méchants atroces. Tous nos vices et nos défauts croissent en proportion de nos épreuves ; nos amis et nos compagnons ne nous apparaissent plus sous l'aspect qu'ils avaient avant de pâtir, et nous leur refusons une estime dont nous les croyons indignes. Personne n'échappe à cette métamorphose; les instruits n'en sont pas plus exempts que les ignorants. Parfois même ceux-ci, moins nerveux, moins irritables, résistent davantage, et de bonnes natures d'hommes simples se conservent intactes, en dépit de tant de causes d'aigreur et de malveillance.

Joseph, dit la Terreur, étalait si franchement son égoïsme naïf, qu'en vérité il nous amusait beaucoup. Il n'avait rien vu de pareil, même chez les « joyeux », même à bord du *Royal-William*. Il arpentait à grands pas la partie libre de la cage, gémissait, aspirait bruyamment, comme pour pomper tout l'oxygène du taudis. Jamais il n'avait souffert ainsi, jamais ! Lui Joseph, dit la Terreur, un si beau garçon, si chéri des femmes; si c'était pas un malheur ! Il en oubliait de lisser et de ramener ses cheveux en accroche-cœurs. Ah ! personne ne souffrait comme lui, non, personne. C'était pas possible !

— Mais, Joseph, nous aussi nous manquons d'air.

— Oh ! pas comme moi; moi j'étouffe.

— Mais, Joseph, nous aussi nous mangerions volontiers du pain au lieu de biscuit, et du bœuf à la mode au lieu de gourganes sèches.

— Oh ! pas comme moi. Moi, mon estomac ne peut pas se faire à cette nourriture. Moi, je meurs de faim !

Le 14 octobre 1877, le jour même des élections générales en France, ce séduisant compagnon nous donna la marque de la plus réjouissante lâcheté. Nous étions au beau milieu du golfe de Gascogne, très redouté, comme on sait, des navigateurs. A midi, on nous fit monter sur le pont. Nous avions — idée bizarre de prisonniers — tramé une manifestation républicaine, selon nous très opportune. Vêtus de nos plus somptueux effets, et même coiffés du chapeau de soie, tout à fait inusité à bord, nous devions, à la barbe du commandant, de son état-major et de la chiourme, parler très haut des élections et de la défaite présumée du cabinet de Broglie-Fourtou.

Une effrayante tempête fit avorter ce beau projet. Elle débuta vers une heure par un grand coup de vent. Et voici :

Le vaisseau chancelle, se penche sur les flots, comme une frêle barque. On dirait, a chaque instant, qu'il va s'abîmer dans l'Océan. Les lames grossissent, s'enflent, montent jusqu'aux bastingages, les franchissent, et grossissant toujours, écumantes, envahissent avec une irrésistible furie, balayent le pont.

Nous descendons ou plutôt nous nous traînons dans notre cage, alors si rudement ballottée qu'il nous est impossible de nous tenir debout; nous nous cramponnons aux barreaux pour ne pas rouler pêle-mêle avec nos plats et nos bagages.

Joseph est pris d'une peur insensée; d'énormes vagues, saillissant par un hublot de la poulaine, nous inondent et redoublent son effroi. Cela devient de la frénésie; il pleure, gémit, crie, supplie, appelle, menace, prétend qu'on veut le noyer, et les matelots, attirés par ses lamentations, malgré la gravité du moment, ne peuvent s'empêcher de rire aux éclats.

— Ouvrez-moi la porte, je vous en prie ! répète-t-il.

L'imbécile s'imagine que, la porte ouverte, il se trouvera à l'abri du danger, libre de mettre pied à terre en rase campagne.

Cependant, les Arabes, indolents, mais pratiques, ont tendu leurs hamacs, se sont couchés et se balancent comme Sarah la Baigneuse dans l'*Orientale*, de Victor Hugo. Nous les imitons, et tout est dit.

A part cet incident, quoi de plus monotone que ce voyage de six mille lieues! De l'eau, toujours de l'eau, verte ou grise, bleue ou argentée, c'est tout ce que nos yeux aperçoivent dans l'immensité parcourue par le *Navarin*. Et ce sont bien vite d'épuisées distractions, les chants mélancoliques des forçats, enfermés au-dessus de nous, et leurs horribles cris quand, pour quelque faute vénielle, des coups de corde leur déchirent la peau. Ni les pétrels, ni les albatros, ni les poissons volants, ces amusements du bord, ne nous intéressent, ni les banquises, pareilles aux montagnes de diamant des *Mille et une Nuits* que l'on aperçoit — glaciale vision — par 106° 20 de longitude E. et 50° 17 de latitude S.

L'ennui nous ronge; nous souhaitons la Nouvelle-Calédonie. Qu'en devons-nous penser? Les surveillants militaires qui nous accompagnent nous donnent sur cette contrée lointaine des renseignements bien vagues, mais on ne peut plus rassurants.

— Grandfin, où allez-vous?

— A la presqu'île Ducos.

— Ah! vous êtes blindé. Tant mieux pour

vous. La presqu'île Ducos, bon pays, jardin de la Nouvelle-Calédonie.

Et vous, Barron ?

— Je vais à l'île des Pins.

— L'île des Pins, admirable pays, paradis de la Nouvelle-Calédonie !

Ainsi, nous sommes tous favorisés. Les uns vont dans un jardin, les autres dans un paradis.

III

LA PRESQU'ILE DUCOS; NUMBO

— Condamnés, prenez vos bagages et descendez ; le chaland vous attend !

Celui qui parlait ainsi, d'une voix fluette, était un tout petit homme, à mine de furet, pétillant, sautillant comme un poisson dans l'eau vive. Des lunettes scintillantes reflétaient les regards luisants de ses yeux de policier fûté. Et que de contorsions joyeuses il imprimait à son corps mince, enfermé dans un veston de perroquet aux parements galonnés d'argent ! M. le commissaire central était enchanté de nous voir, certainement !

— Mais, s'écrie-t-il, c'est Grandfin! Bonjour, mon ami ! Comment allez-vous ? Avez-vous fait un bon voyage? On dirait que vous ne me reconnaissez pas. Voyons rappelez-vous bien : n'étiez-vous pas du 1**e bataillon ?

— Oui, monsieur!

— Je le sais. Comme on se rencontre! J'étais aussi du 1ère bataillon. Mon visage ne vous est pas inconnu, n'est-ce pas?

— Je crois me souvenir...

— De m'avoir vu quelque part? ça ne m'étonne pas. J'étais votre officier-payeur, eh! eh! — et sans avoir l'air d'y toucher, je prenais des notes sur vous tous, eh! eh! — et je les envoyais régulièrement à Versailles, eh! eh! eh! — Malgré quelques soupçons, j'étais toujours renommé à l'élection! — Elle est bien bonne, hein? ah! ah! ah!

M. le commissaire central pouvait à son aise rire frénétiquement de cette excellente plaisanterie, nous ne l'écoutions pas. Le cœur déchiré par mille angoisses, nous recevions la douloureuse impression des choses qui nous entouraient.

Le chaland glissait lentement sur les flots calmes de la rade de Nouméa. Les Canaks, presque nus, leurs cheveux frisés attachés avec un ruban rouge, la pipe entre les dents ou passée à la ceinture de leur caleçon, ramaient avec une paisible indolence.

Le soleil, à son zénith, semblait un immense bloc de fer incandescent et sa lumière crue, tombant d'aplomb sur le vaste panorama qui se déroulait devant nous, en découpait nettement les lignes inharmonieuses. Les roches blanches, lavées d'écume marine, les plages sableuses, les collines grisâtres, tachetées par endroits d'une végétation mourante, se détachaient en un relief brutal, courbées en amphithéâtre, sur l'horizon immuablement bleu.

Les choses ont leurs larmes ! De ce paysage brûlé, une profonde tristesse se dégageait, nous gagnait peu à peu. Nous nous sentions amenés sur une terre rigoureusement inhospitalière. Par un rapport étrange de forme et de couleur avec la destination que nous lui avons donnée, la Nouvelle-Calédonie, vue de Nouméa, apparaît bien telle que l'on se figure le bagne. Les yeux y sont partout blessés par le misérable contraste d'un sol aride et flétri, d'un hiver terrestre et d'un ciel radieusement beau. C'est ainsi, du moins, qu'elle nous apparut le 28 janvier 1878, et si nous évoquons les souvenirs lointains de cette journée, nous la voyons toujours ainsi.

Il est deux heures. Le chaland aborde à la presqu'île Ducos, nous débarquons. On nous compte, et quelques minutes après, nous nous mettons en route. Une côte gravie, une pente rapide descendue, et nous sommes dans la vallée de Numbo, centre de la déportation dans une enceinte fortifiée.

C'est un village nègre, dont nous traversons la rue principale. De chaque côté sont des huttes en terre noirâtre, percées de trous, et devant leurs portes des êtres humains, à ce qu'il semble, hâves, les joues creuses, la peau jaune, tannée comme parchemin, les cheveux et la barbe négligés, les yeux enfoncés, couverts à peine de haillons sordides, nu-pieds, l'air curieux, méfiant, gouailleur ou malveillant.

La présence de nouveaux compagnons n'éveille pas en eux la plus faible sympathie ; il y a sept ans qu'ils souffrent, et qu'ils voient souffrir, ils sont blasés.

Que leur fait l'arrivée de quelques malheureux de plus ? Tant pis pour eux ! Qu'ils se tirent d'affaire à leur façon ! Pourquoi ont-ils commis la bêtise de se laisser prendre.

Des observations narquoises sur notre tenue et des rires moqueurs sont les seules marques d'attention qu'ils nous donnent. Nos costumes d'Européens, ridicules sous ces latitudes pénitentiaires, excitent leur hilarité.

Entre ces railleries et ces indifférences, sans un mot d'accueil, sans qu'une main se tende pour serrer cordialement les nôtres, nous parvenons au milieu de Numbo.

— En attendant votre départ pour l'île des Pins, vous demeurerez là, nous dit un surveillant.

Et du geste, il nous désigne des baraques en bois, des « calédoniennes », construites sur un tertre, en face de nous.

Nous allions entrer, quand un déporté d'assez bonne figure nous frappa légèrement sur l'épaule.

— N'entrez pas là, nous dit-il, il y a du monde ; vous y trouveriez de la place, mais vous seriez importuns. Les locataires de ces baraques s'en regardent comme les propriétaires et excellent à dégoûter les nouveaux venus d'y rester. On aime à être chez soi, n'est-ce pas ? Je n'ai malheureusement pas de logement à vous offrir, sauf peut-être une belle cabane à lapins, dont nous avons mangé tous les habitants en gibelottes. Si vous pouvez vous en accommoder!...

Dix minutes après, nous étions installés dans la niche si gracieusement offerte. On ne pouvait y pénétrer ni s'y tenir debout; mais il n'était pas impossible, en rampant, de s'y blottir. A de pauvres gens menacés, faute d'un abri, de coucher au clair de la lune, livrés à la rage des maringouins, il n'en fallait pas davantage.

Le seigneur et maître de la cabane à lapins n'était pas mieux logé que ses défunts quadrupèdes. Sa paillotte en torchis était absolument dénuée de confort et d'élégance; les noirs de la Nouvelle-Guinée ont de plus agréables réduits. Mais il travaillait, il fabriquait au tour des boutons en os de toutes les dimensions, qu'il vendait à Nouméa ; la déportation, occupée par cette industrie plus ou moins florissante, lui semblait presque supportable. Puis il ne comptait pas s'en tenir là, il s'établirait un jour au chef-lieu, ferait fortune, en perfectionnant la culture du tabac, l'unique richesse de la Nouvelle-Calédonie, disait-il, et de là, de là, il irait plus loin, en Australie, dans les Indes, et reviendrait montrer son opulence à ses compatriotes, des Belges casés dans une petite ville, qui, n'étant jamais sortis de chez eux, n'ont jamais rien vu.

— Voulez-vous, nous dit-il le lendemain, visiter le Palais-Royal.

— Nous ne demandons pas mieux. Qu'est-ce que le Palais-Royal ?

— Voyez :

Le Palais-Royal est une vaste concession que l'association de quatre ouvriers résolus ont, à force de courage, de volonté, d'intelligence et d'entente cordiale, fertilisée et rendue prospère. Un fossé l'enclôt, que l'on franchit sur un petit pont de bois. Au milieu d'un jardin bien dessiné s'élève un chalet, festonné de lianes d'argent. Un grand atelier de menuiserie et d'ébénisterie en occupe la partie principale ; tous les outils de ces métiers sont suspendus aux murs ; quatre établis retentissent des coups sonores des marteaux, du grincement des varlopes et des rabots. On y travaille sans cesse. A l'atelier sont attenantes des chambres proprettes pour chacun des associés, un kiosque arrondi leur sert de salle à manger. Ils ont le nécessaire, presque l'aisance ; mais par quels efforts ne l'ont-ils pas acquis ! Leur histoire est intéressante, et pendant qu'ils nous la racontent, nous croyons entendre les récits vivifiés de quelques Robinsons modernes aux prises, dans la lutte pour l'existence, avec toutes les résistances de la nature et toutes les persécutions des hommes.

« Nous sommes ici depuis la fin de 1872, nous dit le citoyen C. En débarquant de la *Danaé*, notre misère dépassait de beaucoup celle de Job. Pas un outil dans nos bagages ; dans notre bourse pas un sou. Avec de telles ressources, on ne va pas loin. Que faire? Travailler, direz-vous ?

« Cela vous paraît simple comme bonjour, ce ne l'était pas à ce moment-là et vous allez le comprendre. D'abord, on ne travaille pas sans posséder la matière première, des outils pour la façonner et des clients à satisfaire. D'où cela nous viendrait-il? L'agrément de l'administration nous était indispensable. Seule, elle pouvait nous autoriser à couper du bois dans la forêt, à nous grouper, à commercer avec Nouméa. Seule, aussi, et c'était le grand point et la véritable difficulté de notre situation, elle pouvait, en nous occupant au défrichement et à la construction des routes de la presqu'île, nous faire gagner un peu d'argent, nous constituer un capital.

« Vous avez déjà parcouru la presqu'île? Ruinée par deux années de sécheresse, elle n'est pas heureuse, mais enfin, il s'y trouve des chemins, des rues, un hôpital, des jardins à bananiers; en 1872, rien de tout cela. C'était un désert de verdure. A l'exemple des héros de M. Gustave Aymard, nous avons fait flamber la prairie, non pour notre plaisir, mais afin de cultiver le sol, débarrassé de la brousse sauvage.

« Mais lorsque l'administration nous proposa de construire nos chemins, moyennant un bon salaire, dame ! ça ne marcha pas tout seul. De violentes protestations s'élevèrent. Il fallut discuter avec les camarades sur l'opportunité de mourir de faim et d'ennui. Les barbes grises de 1848 et de 1851 surtout, se prononcèrent net contre un travail commandé par la « chiourme ». Elles jouissaient d'une certaine autorité et causèrent plus d'une hésitation. A les entendre, notre dignité de proscrits nous faisait un devoir de ne rien faire. Tout ça, en principe, c'était fort joli, mais qu'en résulterait-il ? Le dénuement incurable pour tous.

« Heureusement, ces boniments plus ou moins politiques ne sont pas compris des trois quarts d'entre nous. Nous sommes des ouvriers, voilà tout. Tout ce que nous savons, c'est qu'on a des bras pour s'en servir et les prêter à qui les emploie. On s'est mis carrément à la besogne, et on a bien fait. Sans cela, où en serait-on ? On subsisterait encore de la ration de La Ramée[1] dans les « calédoniennes » administratives. On n'aurait pas une carotte, un chou ou un oignon à mettre dans la soupe, pas un verre de vin à boire pour se donner des forces, pas un « rotin » pour affranchir une lettre.

[1] C'est-à-dire en langage populaire la maigre portion de vivres accordée par l'administration et distribuée quotidiennement aux déportés.

« Après les affaires de l'administration, nous avons fait les nôtres. Nous avions chacun quelques sous, nous les avons mis dans la même bourse. Et puis, en campagne ! Nous avons tout de même passé de rudes moments.

« Calculez ce qu'il a fallu couper, scier, transporter d'arbres entiers pendant deux kilomètres, par 40° de chaleur, pour bâtir notre atelier ! Pas une minute d'arrêt. On « marnait » sans cesse. Et ce n'est pas tout : il fallait en même temps faire la cuisine, laver son linge. L'eau nous manquait; nous avons creusé un puits profond de trente mètres, et nous y avons ajusté ce treuil énorme. Peu à peu, tout s'est achevé, les commandes sont venues, de l'administration pour commencer, ensuite de Nouméa. Ce meuble — et le citoyen C. levait pour nous le voile qui recouvrait une magnifique bibliothèque en bois des îles sculpté — ce meuble d'une valeur de 3,000 francs a été médaillé à l'exposition de Nouméa !

« Seulement, que de traverses, que de mesquineries à supporter ! Figurez-vous que l'administration ne nous permet pas de traiter directement avec nos clients de Nouméa. On nous oblige à nous servir d'un agent intermédiaire, un surveillant, qui ne sait rien, ne comprend rien, et met à nous nuire tout le zèle qu'on croit qu'il dépense à nous être utile.

« Ce n'est pas tout encore. Il y a deux ans, un cyclone terrible a renversé nos chalets, brisé nos arbres, tout détruit. L'année dernière les sauterelles, en troupes innombrables, ont dévoré jusqu'à la dernière pousse de nos plantations. Depuis, une sécheresse extraordinaire a brûlé, jauni tout ce que les sauterelles avaient épargné. Nous recueillons à peine un fruit, une touffe de légumes de temps en temps ! Sommes-nous découragés? Pas absolument. Mais nous n'avons ici ni nos femmes, ni nos enfants, et l'amnistie nous ferait vraiment plaisir ! Aussi, les purs ont eu beau dire, nous avons signé des recours en grâce, et nous espérons bien rentrer en France un de ces jours. »

— Mais, dis-je, si l'on vous avait établis à la Grande-Terre, auriez-vous le même désir de revenir à Paris ?

— Si l'on nous avait accordé une bonne concession près de Nouméa, et la liberté d'aller et de venir par-dessus le marché, nous serions peut-être aujourd'hui des colons convaincus, décidés à rester... mais on n'a pas su s'y prendre... »

A part les hôtes du Palais-Royal, quelle navrante misère chez tous les déportés !

Les uns sont en bras de chemise, les autres nus jusqu'à la ceinture, ceux-là ont des pantalons en loques, des souliers percés, ceux-ci vont nu-pieds dans la poussière. La captivité a exercé sur tous une influence morbide. Ils ont le corps décharné, les joues creuses, le teint décoloré, les yeux clairs et teintés de jaune des anémiés. L'exil, les souffrances morales de six années, un régime alimentaire insuffisant, l'oisiveté souvent absolue, un climat qui boit la vie, ont miné les plus robustes tempéraments. Peu d'hommes ont succombé, mais tous ont subi l'action destructive des privations ; chez tous, l'énergie vitale est abaissée, la ruine, une ruine progressive et lente, accomplit de précoces et définitifs ravages. La lassitude est immense, l'abandon de soi à peu près général. Cela se voit du premier coup d'œil ; à la démarche traînante, presque chancelante des déportés, on devine que le moindre mouvement leur coûte un effort de volonté.

A cette œuvre de mal a suffi l'usure de longues années inoccupées, vides, rongeuses. Les grands efforts des premiers mois ne se sont pas renouvelés. A l'activité créatrice des débuts, une apathie invincible a succédé. En 1878, les déportés de la presqu'île Ducos ne savent plus comment employer les heures interminables de la journée.

Les uns dorment, faute de mieux. D'autres boivent, cherchent dans le vin, le tafia, l'oubli, l'étourdissement de l'ivresse. Le soir, d'inépuisables discussions à propos du Comité central, de la Commune et de ses chefs, des Versaillais, s'engagent entre ces hommes dont beaucoup ont joué les rôles en vedette dans l'effrayante aventure de 1871. En ces multiples parlottes, petits clubs d'exilés en plein air, celui-là a l'oreille du public, qui exprime les opinions les plus radicales, les plus farouches. Après huit ans révolus, tous les sentiments d'ardente revendication suscités par la guerre étrangère et la guerre civile trouvent là des orateurs convaincus et rendus plus âpres par les déceptions. Les plus menaçants déclamateurs appartiennent à la bourgeoisie révolutionnaire. Les ouvriers, extrêmement sensibles aux séductions de la rhétorique, écoutent, semblent gagnés; au fond, ils ne comprennent guère. Ils savent seulement qu'ils souffrent et que cela n'est pas juste. De la Commune ils ne se rappellent que leurs actions personnelles, les dangers qu'ils ont courus, leur emprisonnement et leur jugement. Ils se remémorent volontiers les conseils de guerre. La justice militaire, loin de leur paraître étrange, exerce sur eux une impression forte et durable. Ils en parlent avec animation, presque heureux d'avoir été les héros d'un procès politique. Les gestes indifférents, les paroles banales des colonels-présidents sont présents à leur mémoire, ils les répètent respectueusement. Point d'indignation, point de rancune en ces hommes simples, façonnés à la discipline dans les rangs de l'armée. Mais non plus nul repentir de leur participation aux événements qualifiés de criminels par un code qu'ils n'ont jamais lu et qu'ils ne comprendraient pas. En leur conscience, l'insurrection n'est pas plus le crime du « code », que le « plus sacré des devoirs » de la formule révolutionnaire, c'est un fait dépendant de circonstances particulières et fatales, qui les rendent irresponsables. Pour les coups d'Etat non populaires, ils ont une indulgence égale. Je leur ai rarement entendu blâmer le 2 décembre, et ils auraient applaudi Mac-Mahon triomphant au 16 mai. Toute preuve de force violente, de virilité, venant d'un maître, leur est sympathique.

Si j'entre dans ces détails, c'est pour montrer à quelle distance des idées « libérales » sont les idées du peuple, combien il est étranger aux préoccupations politiques, aux décevants projets de réforme gouvernementale qu'on lui attribue si volontiers et qu'on exprime en son nom si souvent. Le peuple accepte ce qui est, sans le discuter, n'en étant pas capable ; il n'est jamais rebelle aux lois constitutionnelles, par la simple raison qu'il ne connaît pas ces lois. Il ne veut sérieusement qu'une chose : travailler, gagner sa vie, librement et largement.

S'il n'aime pas le patron qui le surveille et le contraint, il le craint et l'envie; il ne saurait s'en passer. Il a d'ailleurs, à un degré qu'on ne suppose pas, le culte superstitieux de l'argent et le seul moyen de lui imposer, c'est de paraître riche. De tous les bourgeois proscrits qui se trouvaient confondus avec lui dans la déportation, ceux-là seuls avaient son estime, dont la bourse était bien garnie et qui lui faisaient largesse; les autres n'avaient que son mépris, et il prenait un plaisir aigu à les voir abaissés, humiliés et nivelés, dans ses rangs, à la dure égalité de la peine.

Je ne sais rien de plus sommaire que le repas d'un déporté, mais il a la douceur d'en être le cuisinier. Le menu, d'une frugalité lacédémonienne, se compose invariablement de haricots ou de riz bouillis, et d'eau fraîche à volonté. Quelque fois une tasse de noughi (plante odorante indigène) active la digestion, qui s'accomplirait de reste sans cette infusion. A quoi bon parler, sinon pour mémoire, d'un morceau de bœuf exsangue, maigri dans les paddocks néo-calédoniens, inassimilable quand la cuisson l'a réduit à sa plus simple expression de tige de botte ?

Ce régime vertueux eût comblé d'aise un Lycurgue, un Cincinnatus, amateurs de pois chiches et de laitue cuite. A la presqu'île Ducos, à l'île des Pins, il faisait de tous ceux qui, ne travaillant pas, étaient obligés de s'en contenter, autant d'affamés, minés par l'anémie. Ce qui n'empêchait le digne amiral Fourichon de célébrer, en termes lyriques, l'excellente situation des déportés : « Tous, affirmait-il à l'Assemblée de 1876, tous s'abreuvent d'un vin généreux, distribué par l'administration coloniale, tous, messieurs, tous, même ceux qui cultivent des fleurs ! »

Le soir, notre repas sommaire achevé :

— Venez, me dit R..., faire un tour de promenade. Nous visiterons la presqu'île d'un bout à l'autre. Vous apprendrez à connaître choses et gens. Il y a çà et là des types dont vous aurez plaisir à vous souvenir plus tard.

Je lui pris le bras, nous sortîmes.

A quelques pas de sa paillotte, une dizaine

d'individus, groupés sur le talus d'un fossé, las de causer, chantaient à tue-tête

— Ecoutez, me dit R..., vous allez entendre l'expression des plus nobles sentiments.

Et j'entendis le refrain exquis :

Francs coquins
De Prussiens,
Bandits de Versailles,
Amusez-vous bien,
Allez, faites ripaille.
Foutriquets,
Badinguets,
Affreuse canaille,
Riez en ce jour,
Car vous ne rirez pas toujours !

Les couplets à l'avenant.

— Jolie chanson ! dis-je. L'auteur ?

— Tout le monde et personne, en collaboration. C'est une inspiration anonyme des pontons ou de Satory, qui a passé les mers. Plus d'un déporté garde pieusement dans son sac de marin un cahier rempli de compositions pareilles, et se délecte à les lire ou à les chanter, pour tromper l'ennui du farniente. C'est notre littérature locale.

— Elle est aimable !

— Bon ! Que voulez-vous qu'on fasse ? Il n'y a même plus de pierres à casser sur la route pour occuper ces gens-là, à raison de 19 sous par jour et d'une chopine de vin. Ils souffrent, leur cerveau s'exalte, leur haine grandit, ils trament vengeance et représailles. Supposez à leur place, astreints aux mêmes privations, les conspirateurs du 16 mai, les de Broglie, Fourtou et consorts ; ces messieurs, si bien élevés qu'ils soient, n'auraient pas une attitude différente. Leurs chansons seraient mieux rimées, plus académiques, mais à cela près...

— Je m'attendais à trouver ici une poignée d'hommes politiques, convaincus, résolus...

— Plaisante naïveté ! Vous croyez au parti socialiste ? Que vous êtes loin de compte ! Rien de plus rare ici qu'une opinion. Les ouvriers et les manœuvres sont en très grande majorité ; ils ont des sentiments, mais point d'idées. On parle de socialisme, d'association internationale des travailleurs ; la plupart ne savent même pas ce que ces mots veulent dire. Quelques-uns, en tout petit nombre, ont des aspirations vagues, rêvent l'avènement du prolétariat, la révolution, la liquidation sociale à leur profit : autant de fantaisies absurdes que j'ai eu le tort jadis de prendre pour des théories généreuses. Ceux même qui ont eu une célébrité sont d'une ignorance inouïe. Syndics de leur corporation, orateurs habituels d'un groupe de maçons, de tailleurs ou de cordonniers, grisés par les applaudissements faciles de leurs camarades d'atelier, ils n'ont pas eu de peine à croire à leur génie.

Gouverner leur paraît la chose la plus simple du monde; c'est l'affaire d'un discours à pérorer de temps en temps. Il n'est pas un de ces ambitieux dévoyés qui ne se croie de bonne foi les capacités d'un député, d'un ministre. Le goût si ridicule de la bourgeoisie pour l'avocasserie parlementaire, le langage filé, a déteint sur eux. Tous ont des prétentions à l'éloquence, cultivent la rhétorique, construisent la période ronflante, sonore, ont la manie du club et cherchent les bravos. A cause de cela même, le sens pratique de leurs affaires corporatives leur fait absolument défaut; ils sont toujours à côté de leur question, bavardent beaucoup et n'agissent jamais. Ah! les bourgeois peuvent dormir tranquilles; le socialisme en France n'est encore, et pour longtemps, qu'un mot, une songerie.

— Depuis quand pensez-vous ainsi?

— Depuis que je connais, par une dure expérience, les hommes et les choses. Au 18 mars, n'ayant pas vingt ans, j'étais tout feu, tout flamme. Mes lectures dans Proudhon, Michelet, Louis Blanc, la fièvre politique si contagieuse de la fin de l'empire, les journaux, les pamphlets, les manifestations, les propos de cafés, tout cela m'avait échauffé l'imagination. Il me semblait qu'on pouvait recommencer 93, au bénéfice des ouvriers. Blanqui me semblait infaillible; je ne doutais pas de la parole de Raoul Rigaut. J'étais nourri de grandes phrases, de mots immenses, et tous les révolutionnaires de mon âge — il n'y en avait pas peu — étaient comme moi. Aberrations pures, dissipées maintenant!

Tout en causant, nous suivions l'allée des Soupirs, large avenue longée de milnéas en fleurs, délicieux contraste à la sécheresse environnante.

La lune, d'une splendeur incomparable dans ces régions, se levait, irradiait sur toutes choses une éblouissante clarté.

Le bruit d'une querelle attira notre attention. Des voix éraillées, grossies par la colère, se renvoyaient les injures les plus choisies du répertoire poissard. Les mots : « vache, tante, outil de besoin, meg à la secousse », se croisaient, répétés avec fureur. Après les insultes, les menaces : « J'vas t'enfler le mou ! » répondait à « Gare à ta pomme ! »

— Nous sommes ici, me dit R..., dans les carrières d'Amérique de la presqu'île. C'est la propriété des tierçards, un groupe de scélérats distingués. Tous les soirs, des scènes de ce genre se passent ici.

— Et les surveillants ?

— Ils n'empêcheraient rien. Si ces messieurs pouvaient s'égorger entre eux, on serait débarrassé.

— Venez. J'ai reconnu l'accent de *Tête-d'Acier*, de Belleville, et de *Chauffe-tes-Pattes*, des Batignolles. Ce doit être curieux.

La lutte commençait... Autour des adversaires, une galerie de spectateurs réjouis s'était formée, prêts à leur distribuer impartialement l'éloge ou le blâme.

Reculés de quelques pas, se mesurant du regard, cherchant une feinte, nos individus fondirent tout à coup l'un sur l'autre. Tête-d'Acier esquiva le redoutable coup de tête que Chauffe-tes-Pattes lui lançait dans la poitrine, et par un rapide croc-en-jambe, surprit son ennemi et le jeta à terre. Alors, comme c'était son droit, il piétina de toutes ses forces le corps, et spécialement le visage du vaincu, qu'il écrasa, mit en bouillie sanglante. Le misérable respirait à peine quand il put se relever, mais il déclara tranquillement qu'il ne tarderait guère à prendre sa revanche, et se retira, conduit par ses camarades, à sa paillotte.

Tête-d'Acier, très entouré et félicité, ne se sentait pas de joie.

— Voilà de nos déportés politiques, me dit R... *Chauffe-tes-Pattes* et *Tête-d'Acier* sont mes collègues, condamnés au même titre que moi. C'est flatteur ! C'est pour cela que j'ai sacrifié ma jeunesse et que je meurs ici à petit feu !

R... me quittant, un ouvrier qui avait entendu ses dernières paroles, vint à moi.

— Que vous a raconté ce pleurnichard ? me dit-il. C'est bien à lui de se plaindre! Papa et maman l'ont choyé depuis son enfance et ne le laissent encore manquer de rien. Chaque mois, ça va toucher des monacos chez le vaguemestre, et ça ne souffre pas. Ça a même un domestique ! Nous, nous crevons de faim et de misère. Et nos femmes, nos enfants qu'est-ce que ça devient , maintenant que nous ne sommes plus là pour leur donner la becquée ? Ce monsieur n'a pas cette inquiétude, lui. Il a sacrifié sa jeunesse ! pauvre chat ! Et nous donc, est-ce que nous n'avons rien sacrifié ? Quand nous rentrerons, on se foutra de nous, on nous fera la charité pendant deux jours, puis après, fini mon vieux, à l'atelier ! Encore, il y a gros à parier que le *Singe* (le patron) ne voudra plus de nous. N'en faut pas de communards dans les ateliers. Ou nous ne saurons plus le métier et alors plus de travail ! Va, mon ami, va voir au dépôt de Saint-Denis, si l'on veut de toi ! Voilà, sans mentir, ce qui nous attend après l'amnistie. Dèche avant, dèche encore, dèche toujours. C'est notre lot à nous.

« Nous n'avons pas eu de bons numéros à la loterie, quoi ! Mais, quand ils reviendront, eux, les bourgeois, les journalistes, on les plaindra, on dira : C'est des martyrs ! Ils trouveront de bons emplois, de meilleurs qu'avant. Un beau jour même — le peuple est si bête ! qu'ils ramasseront bien dans le tas un mandat de député. Ça nous méprise aujourd'hui, demain ça nous fera des courbettes en veux-tu en voilà. Tant que nous ne nous tirerons pas d'affaire tout seuls, là, entre producteurs, ouvriers, ce sera comme ça. On en verra encore à la prochaine de ces beaux jeunes qui croiront jouer à la révolution, au soldat, épater le monde de leurs galons ou faire des *Père Duchêne*, des *Combat* et des *Cri du peuple*, à la condition, bien entendu, d'en être quittes pour des ovations, pendant que les pauvres bougres iraient limer le soleil à la pierre ponce ! Mais, halte-là ! méfiance ! On ne nous trompe pas deux fois. Toi, bourgeois, tu ne peux pas être socialiste, voilà tout ce que je connais.

« Tu cherches une place, va la chercher ailleurs ! La Révolution sociale, c'est notre affaire, pas la tienne !... »

J'ai reproduit exactement, sinon les termes, du moins le sens des conversations très authentiques que l'on vient de lire.

IV

L'ILE DES PINS

La déportation simple consiste, suivant la loi, en un bannissement dans un centre déterminé de nos possessions d'outre-mer. L'île des Pins a été ce centre déterminé pour les communalistes de 1871.

C'est une île verdoyante, du plus souriant aspect, adorablement trompeuse. Des récifs la bordent au large. De ses côtes, découpées capricieusement, les cimes élevées des pins maritimes, des cocotiers, des arbres à pain, croissant vigoureux sur un sol vierge, la signalent aux lointaines vigies. Sur un périmètre de quatorze lieues environ, des bois, fouillis inextricables d'arbres robustes et toujours verts, de plantes balsamiques, de lianes, lui font une ceinture magnifique et profonde.

Près du rivage on marche sur une dentelle de madrépores, sur un sol en formation continue, raboteux et pénible. A mesure qu'on pénètre dans l'intérieur du pays, la terre, recouverte d'une couche d'humus formée par les détritus végétaux, devient plus facile aux piétons, mais elle ne laisse pas d'être partout inégale, tourmentée, semée de trous énormes et de saillies rugueuses. Les vallées et les plateaux, très divers, opposent des contrastes chatoyants; le paysage, ainsi multiplié, change à chaque ondulation de terrain sous le coup de pinceau du soleil et n'est jamais sans charme dans sa variété constante. Dans les bas-fonds, des ruisseaux limpides s'échappent des rochers; l'eau en est pure, un peu ferrugineuse. Çà et là encore stagnent des marécages où les herbes hautes, les niaoulis, mélancoliques comme nos saules-pleureurs, baignent dans l'eau vaseuse. Les grottes, très nombreuses, sont parfois superbes. Les Canaks y ensevelissaient leurs morts, et dit-on même, allaient y mourir à l'extrême vieillesse; leurs ossements se retrouvent en tas dans les creux de la pierre. Vers le milieu de l'île, que partage en deux une ligne de collines, le sol, d'un jaune d'ocre, est un minerai de fer poussiéreux, à peu près stérile. Des blocs gigantesques de ce minerai, lancés naguère par un volcan éteint maintenant, se rencontrent à chaque pas.

Le climat est sain, très agréable. L'atmosphère ardente, presque toujours échauffée à 42°, se tempère par les brises marines. La différence des saisons est si peu sensible qu'à peine on les distingue. Aux mois d'avril et de mai, l'hiver sévit par des pluies abondantes qui durent quelquefois un mois sans interruption. Encore ces pluies ne sont-elles pas rigoureusement périodiques; une suite d'années de sécheresse n'est pas un phénomène rare. Mais alors, ô désastre, les ruisseaux tarissent, les plantations jaunissent, meurent sur pied. Telle est l'île où furent successivement amenés par vingt convois, trois mille et quelques déportés.

Comme à la presqu'île Ducos les premiers arrivants débarquèrent en pleine brousse et plantèrent leurs tentes parmi les herbes dures, touffues, qu'on semblait n'avoir jamais foulées avant eux. Nulle part un sentier frayé, une place nette de végétation.

J'insiste à ce propos sur ce que j'ai dit ailleurs, j'y insiste, pour montrer une fois de plus tout le parti qu'on pouvait tirer de nos outlaws politiques. Les déportés de l'île des Pins, devenus de véritables pionniers, ne furent nullement inférieurs en décision, en patience, en fermeté, aux émigrants de race anglo-saxonne auxquels l'Amérique est redevable de la colonisation du Far-West.

En l'année du débarquement, 1873, la pluie tomba à flots diluviens, les ruisseaux s'enflèrent en rivières, les rivières en torrents. Les déportés mal nourris, peu ou pas chaussés, n'en entreprirent pas moins de courage, sur la terre inondée, les travaux de défrichement et de construction nécessaires.

En 1874, la partie de l'île des Pins affectée à la déportation (l'autre — ou du moins ce qui en est bon, — appartient aux Missions des R. P. Maristes) avait à peu près son organisation définitive. Elle était divisée en 5 communes (ou groupes), divisées elles-mêmes en concessions quelquefois fort étendues. De chacune de ces communes un baraquement de bois occupait à peu près le centre, portant à son fronton le mot « Mairie ». Il ne se faisait là, en matière d'actes civils, que des distributions de vivres et de vêtements. Le maire — au besoin — était un surveillant militaire, nommé chef de camp (ou de groupe); les conseillers municipaux, élus par les déportés, avaient la charge délicate des distributions. La police résidait aux alentours de la mairie, en un large bâtiment de pierre ou de bois, garni de vastes vérandahs. Dix gardiens au moins y veillaient à la sécurité commune ainsi qu'à prévenir les évasions

L'administration s'étant montrée aussi avare d'outils que de vêtements, on dut lui acheter les pelles, pioches, râteaux, binettes, etc., qu'elle devait donner. Et l'argent, où le prit-on ? Comme on n'en avait pas, on économisa sur les salaires gagnés aux travaux d'utilité publique. Et quand les chemins furent tracés, les routes construites, les sentiers frayés, les bois inextricables percés, les roches brisées, et qu'on eut de cailloux madréporiques nivelé les nouvelles voies de communication, quand la forêt vierge, avec ses multiples allées sablées, ses carrefours nombreux, eut pris l'aspect d'un parc d'agrément, d'un tropical bois de Boulogne, on vit ceux qui avaient accompli ces métamorphoses, défricher, ensemencer, cultiver régulièrement leurs concessions. Grâce à leurs courbatures, la terre se couvrit de plantations de maïs, et le marché de Kuto, où s'approvisionnaient les surveillants et les soldats, abonda en légumes d'Europe, en fruits indigènes, en fleurs même, venus des jardins de ces agriculteurs intelligents, bien qu'absolument neufs, en produits encore de la basse-cour et de l'étable, œufs, poulets et boccas. Les déportés étaient devenus des fermiers à la mode néo-calédonienne.

Mais, comme on pense, une ferme à l'île de Pins ne ressemble pas à une ferme en Beauce. Avec de grands efforts nos colons gagnaient peu d'argent. Un champ d'un hectare de bonne terre en plein rapport ne donnait pas de quoi suffire aux besoins journaliers. La ration quotidienne était chétive, il fallait l'augmenter. Le vin coûtait cher, on ne pouvait s'en passer. Le pécule s'en allait ainsi, et il n'est pas éton-

nant que les amnistiés soient revenus très misérables. Mais beaucoup parmi eux, moins indigents à l'île des Pins qu'ils ne le sont en France, auraient certainement préféré la colonie à leur patrie, si de bonne heure on avait su les fixer à la Grande-Terre, dont les ressources sont bien supérieures.

Séparés des cultivateurs et cantonnés dans une commune, la première, étaient les ouvriers. Ils travaillaient groupés en ateliers ou isolés, tant bien que mal, selon le train des affaires à Nouméa où ils expédiaient leurs produits. Quand la colonie et son chef-lieu furent ruinés par les faillites successives de la Banque coloniale et de la Société foncière, le travail s'arrêta net. On chôma de longues années, faute de commandes. L'argent disparut. L'administration seule, par ses payes de quinzaine à deux cents ouvriers ou employés des ateliers du génie, mettait quelque monnaie en circulation. L'insurrection des Canaks survenue en mai 1878, éclatant soudain avec une violence imprévue, paracheva cette misère. Les ouvriers furent strictement réduits à la ration de La Ramée et l'amnistie les trouva littéralement à bout de forces et de moyens.

On voit que les déportés n'ont jamais rempli la condition que M. Pothuau mettait en 1872 à l'envoi de leurs femmes et de leurs enfants en Nouvelle-Calédonie : ils n'ont pas suffi à leurs besoins. Quelques femmes cependant rejoignirent leurs maris ; il y eut bien à l'île des Pins une centaine de ménages, la plupart dans une gêne extrême. Il est bon qu'il n'y en ait pas eu davantage.

Plus heureux que leurs camarades de la presqu'île Ducos — grâce à l'étendue du territoire — les déportés de l'île des Pins échappaient au confinement de la paillotte, aux voisinage malveillants, à la communauté brutale et forcée. Après la douloureuse promiscuité des pontons, des prisons, des vaisseaux-transports, vivre ainsi, pour soi, chez soi, était un besoin dont la satisfaction au début fut vivement sentie. On se rappela toujours, non sans une sorte de terreur du retour de pareilles scènes, les querelles et les rixes fréquentes de la vie en commun, les froissements inévitables des habitudes différentes et des caractères aigris, la dureté méchante et hargneuse des rapports obligés. Pour apaiser les irritations, les colères de tant d'égoïsmes blessés, c'était peu alors de la Fraternité. Mot vain de la métaphysique révolutionnaire, jamais il ne parut si vide et si impuissant, et sûr de n'être pas entendu, personne ne s'avisa de l'invoquer. En tous ces proscrits étrangers les uns aux autres, confondus dans une même misère, les souffrances dominèrent les sentiments altruistes. Plus tard, quand ils furent rendus à eux-mêmes, l'altruisme reprit ses droits acquis, et l'humanité à l'île des Pins, — comme en tous lieux où vivent en société des hommes de notre civilisation, — put s'honorer d'actes de bienveillance, d'abnégation et de mutuel dévouement.

Quoi qu'il en soit, la séparation parut une délivrance, et l'on ne chercha guère à se revoir, à se réunir. A quoi bon d'ailleurs ? On se connaissait si bien ! On avait peu d'idées, et très simples à échanger, les nouvelles étaient rares, et les épreuves de l'exil ne forment un lien entre les hommes, que lorsqu'elles sont passées. Puis on était las d'entendre conter des souvenirs de guerre civile, mille fois rebattus, d'écouter des plaintes et des espérances que le temps écoulé rendait affreusement banales.

Les déportés vécurent isolés. Leurs paillottes, éparpillées comme des dés de terre noirâtre sur le tapis vert de l'île des Pins, les mettaient quelquefois à longue distance les uns des autres. Il y en avait de cachées dans les grottes, d'adossées à des roches, de perdues dans d'épais massifs boisés, à l'écart des routes. Les goûts artistiques si ingénieux de l'ouvrier parisien se retrouvaient dans le choix de l'emplacement ou dans la construction et l'ornementation de ces cabanes rustiques. Bâties dans un endroit pittoresque, près d'une source, au bord d'un ruisseau, dans le creux d'un vallon, où la terre molle favorisait la pousse des bananiers, où les cocotiers dressaient leurs tiges sveltes, quelques-unes riaient aux yeux. Un jardinet cerclé d'une haie les entourait, soigné avec amour, tout plein, par les beaux temps, de légumes verts et de fleurs, avec une place pour l'étable à boccas, le poullailler, les ruches. Des plantes grimpantes, la liane d'argent ou le pois canak, festonnaient les murs en torchis, étendant leurs rameaux gourmands du sol au faîtage du toit. A l'intérieur rien de superflu, au contraire. Un lit de sangle, une table et un banc de bois fruste, c'était tout le mobilier d'une chambre unique, où la paille du toit formait le plafond, la terre durcie, le plancher.

Le travail préserva les déportés de l'ennui et de l'accablement de la solitude. Quelques-uns, associés pour la culture des concessions, se partagèrent à l'amiable, selon le mode mutuelliste, les fonctions domestiques et s'en trouvèrent bien ; cependant leur exemple ne fit pas beaucoup d'imitateurs.

Aux désœuvrés, l'isolement fut mauvais. Qu'étaient ceux-là? Des ouvriers d'art parisiens dont l'industrie délicate, spéciale, ne pouvait réussir à l'île des Pins, des commis, des employés inoccupables, gens d'une intelligence relativement éclairée, mais plus affectés des privations subies, plus faibles et moins résolus que leurs robustes compagnons de captivité, maçons, charpentiers, menuisiers, manœuvres.....

Nous nous rappelions alors les émigrations socialistes opérées en 1848, sous la direction de Victor Considérant et de Cabet, pour réaliser en Amérique, au Texas et dans l'Ohio, je crois, les théories de Fourrier et de Cabet lui-même. Séduits par l'extrême simplicité des systèmes réformateurs, nombre d'ouvriers d'art parisiens, d'employés demilettrés étaient partis à la conquête du bonheur idéal rêvé. Mais, arrivés aux terres vierges concédées par l'Union, il fallut coloniser, défricher, bâtir, et l'enthousiame n'y suffit pas ; l'entreprise les trouva pleins de bonne volonté, mais impuissants. Ils se découragèrent vite; hormis ceux qui succombèrent à la peine, la plupart revinrent en France, désabusés des expéditions lointaines et des promesses humanitaires.

A l'île des Pins, les ouvriers et les employés intelligents, socialistes moins rêveurs, mais non moins ardents et convaincus que leurs aînés de 1848, furent très malheureux, très dignes de pitié. Dénués de tout dans une société de pauvres gens, n'ayant pour subsister que l'insuffisante ration de l'Etat, ils ont

supporté, la plupart sans se plaindre, très fermes, même les angoisses de la faim, les tortures de l'abandon et de la plus navrante misère.

Il faut avoir vécu cette existence pour en comprendre les désolations : les journées passées silencieusement dans la paillotte sombre, l'esprit vague, le corps inactif, le regard errant sur un livre que l'on sait par cœur; l'unique distraction est de préparer un maigre repas; puis la nuit tombe, brusque, n'étant pas précédée d'un crépuscule, et comme on n'a pas de lumière, on se couche, mais on ne dort pas, le cerveau enfiévré vous tient en éveil, ou les moustiques de leurs bourdonnements et de leurs piqûres vous défendent le sommeil, et l'on entend distinctement les cancrelats ronger les vêtements et dans la plaine, au loin, le vol lourd et le cri strident des roussettes.

Ce régime de privations et d'insomnies remplissait l'hôpital de la première commune de dysentériques et d'anémiés. Le plus souvent on y guérissait les malades, du moins pour un temps, et la mortalité, combattue par la parfaite salubrité du climat, n'avait rien d'anormal.

De la fin de 1872 à l'amnistie de 1878, le nombre des morts sur 4,000 déportés fut de 210 à 220. Pour les six ans de la déportation, cela fait un peu plus du vingtième de la population totale, et réparti par année, donne une moyenne de 1 décès par 115 à 116 habitants. Il faut observer que la déportation comprenait des individus de tout âge, des jeunes gens de seize ans et des vieillards de soixante à soixante-dix ans.

A côté de la mortalité régulière, pour ainsi dire, se place le chapitre des accidents, de la mortalité extraordinaire. Les maladies ne furent pas les seuls résultats de l'existence misérable que nous avons dépeinte. De 1876, époque où le rejet de l'amnistie par le Parlement fut connu, à 1878, on ne compta pas moins de 18 suicides à l'île des Pins, généralement par pendaison. Il y eut aussi 13 cas de folie, et des plus étranges. Celui-ci, croyant toujours se trouver en face d'un peloton d'exécution, se défendait avec des gestes frénétiques contre d'imaginaires ennemis, celui-là, l'esprit hanté par l'image de Paris incendié, flambait incessamment la brousse; l'un s'était coupé en riant les jarrets, d'autres enrubannés de ridicules décorations, ayant au cou des cordons de coquillages, pensaient représenter les généraux chamarrés de la Commune.

Enfin, il y eut quelques exécutions de condamnés à mort. Une bande de scélérats, évadés des prisons pendant les journées de mai, jetés pêle-mêle, au hasard, dans les rangs des communalistes, déportés à l'île des Pins au lieu de l'être à l'île Nou, se prirent à mener sur la grand'route leur ancien métier de détrousseurs. De voleurs, ils devinrent assassins, et l'administration pour mettre un terme à des excès qu'elle attribuait à la déportation tout entière (voir les journaux de 1877, *le Figaro*, *le Petit Journal*, etc.), fit un exemple tardif. Le même jour, en même temps, on fusilla publiquement quatre de ces gredins, ce qui ramena la sécurité parmi les proscrits, atterrés de la féroce audace de la *Tierce* (nom sous lequel on désignait les repris de justice).

Sur les vaisseaux transports qui ramenaient les déportés en France, on pouvait reconnaître à leur ignoble argot, contents d'êtres lâchés libres dans Paris, où ils comptaient bien reprendre leurs habitudes, ce tas d'hommes sans aveu, vivant du jeu et de l'exploitation des filles, rassemblés sous le nom de « tierce ». Près de ces drôles cyniques, d'honnêtes ouvriers, peureux du combat pour la vie, envisageaient tristement les conséquences de leur liberté prochaine, se rappelaient les luttes incessantes de l'industrie, les rivalités de l'atelier, les chômages ruineux, la misère presque incurable des salariés.

Ailleurs, des illuminés tranchaient en quelques formules brèves, absolues, les questions les plus complexes de la sociologie ; plus loin, des bourgeois sceptiques, issus directement de l'Université, songeaient à mettre à profit leur passé politique, à devenir habiles.

V

SUR LA GRANDE-TERRE

Mémoires d'un déporté colon.

J'avais depuis longtemps sollicité mon passage à la Grande-Terre, où je désirais coloniser, lorsque je reçus dans ma paillotte la visite d'un surveillant militaire. Entre nous, pas de cérémonie ; son discours fut d'une admirable concision :

— Préparez vos bagages et portez-les à la presqu'île Küto. Demain matin, à cinq heures, embarquement pour Nouméa.

— Très bien. Et de Nouméa, puis-je apprendre où j'irai ?

— Où l'on vous enverra.

C'était logique.

Pourtant, je pris la liberté d'ajouter :

— J'aurais été bien aise de savoir où...

— Je n'en sais rien moi-même.

— Dois-je emporter mon lit : hamac, matelas et couverture ?

— Comme il vous plaira. A moins que vous ne préfériez bivaquer dans la brousse...

— Merci ! les nuits sont humides et je crains les rhumatismes.

En une heure, mon camarade aidant, j'eus ficelé mes paquets. Nous partîmes.

De la troisième commune à Küto, la route a dix kilomètres environ, et ne ressemble pas du tout à nos belles routes de France bordées d'ormes ou de platanes. C'est un ruban sinueux, d'une sécheresse aride, ici macadamisée de minerai, rougeâtre, là d'un jaune terreux, et semé d'une poussière fine que le moindre vent soulève en nuages aveuglants.

J'allais, suant d'ahan, un sac de marin gonflé de linge suspendu par ses cordons à mon épaule, ma couverture et mon hamac roulés ensemble, en bandoulière. Mon camarade s'était chargé du matelas qu'il portait sur la tête. Il riait — le sans-cœur ! — aux gémissements que m'arrachait la fatigue, et prétendait que j'avais en ce moment un avant-goût des plaisirs qui m'attendaient à la Grande-Terre.

— Qu'en sais-tu ? lui dis-je, irrité.

— Tu verras !

Tu verras ! Impossible d'obtenir l'explication de ce fâcheux pronostic.

C'est égal, une fois embarqué, quand la *Seudre* eut pris le large, ses voiles blanches enflées au souffle de la brise, je ne vis pas disparaître sans regrets les bords charmants de l'île des Pins, baignée dans la lumière pâle et vaporeuse du matin. Je savais très bien ce que j'abandonnais : une concession d'un hectare à demi défrichée et plantée de maïs, une paillotte solide que j'avais de mes mains bâtie près d'un bois, dans un site ombreux et frais. J'étais propriétaire d'une source et d'un ruisseau d'eau vive, de cinquante bananiers, d'un poulailler où s'ébattaient dix pondeuses, deux coqs et quantité de poussins pleins d'avenir, d'une ruche très peuplée..... Que de richesses ! En retrouverai-je l'équivalent au pays inconnu où j'allais fixer ma tente ?...

Ces réflexions mélancoliques m'occupèrent

l'esprit jusqu'à Nouméa. Mes camarades de voyage, soucieux ainsi que moi, ne causaient guère, se tenaient immobiles, accoudés aux bastingages, les yeux fixés sur l'avant. Tout à coup ils s'exclamèrent : voici Nouméa.

Nouméa! — L'étrange chef-lieu de colonie ! Imaginez un assemblage confus de maisons de bois, groupées au hasard de l'arrivée de leurs propriétaires, souvent barbouillées de rouge ou de bleu, et protégées par de larges vérandahs contre l'éclat d'une chaleur torride. On dirait une station provisoire de navigateurs pressés de partir, un buffet de voyageurs cosmopolites. Seuls le palais du gouverneur et les casernes, mi-partie de pierre et de bois, lui prêtent l'apparence d'une ville. Dans les rues, aux heures de la canicule excepté, se promènent des fonctionnaires, des officiers et des matelots, envahissant les cafés, sirotant leur absinthe, riant très haut avec des filles, venues là on ne sait d'où ni comment, attirées à des milliers de lieues par une odeur forte de garnison maritime.

Les mercantis, installés en de vastes bazars, vendent à tout ce monde-là les vins de France et d'Espagne, et les conserves d'Angleterre et d'Australie. Ils appartiennent à tous les pays de la terre, en parlent tous les langages. Il en est qui se croiraient déshonorés s'ils n'avaient à leur actif plus d'une faillite sérieuse; ils mènent grand train, se poussent à une faillite nouvelle, s'éclipseront, et reparaîtront, après avoir refait leurs affaires — et leurs créanciers — sur un autre point solide du Pacifique. Cela est dans l'ordre accoutumé, et personne ne se donnerait le mauvais ton de trouver à ces mœurs exotiques quelque chose de blâmable ou d'extraordinaire. *All's right!*

Seuls, des Canaks, des Néo-Hébridais, mâles ou femelles, nus en plein soleil, portant des fardeaux ou faisant des commissions, conservent à Nouméa sa couleur locale, indigène.

Trois jours passés à Nouméa, le temps de prendre le croquis ci-dessus, et le directeur de la déportation nous fit mander. On nous appela l'un après l'autre dans son cabinet. Comme j'entrais, il était découvert, et il s'empressa, en homme qui sait ce qu'il se doit à lui-même vis-à-vis d'un misérable condamné politique, de remettre sur son chef un très beau salako, à forme de casque grec ou romain. Il avait ainsi l'air imposant d'un fonctionnaire de l'antiquité et ne ressemblait pas mal au Périclès du jardin des Tuileries.

— Dailly, je crois? dit ce haut personnage sans daigner me regarder. Et de fait, dans mon humble condition, je ne méritais pas qu'un tel homme me regardât.

— Oui, monsieur le directeur, répondis-je.

— Vous avez demandé à aller à la Grande-Terre ?

— Oui, monsieur le directeur.

— Vous partirez à quatre heures pour Balade.

— Oui, monsieur le...

— On vous donnera une concession d'un hectare, très facile à cultiver. Vous aurez les vivres de campagne, y compris le vin et le tafia. Allez! conduisez-vous bien, sinon on vous réintégrera à l'île des Pins !

Je m'inclinai.

La *Seudre* mit trois jours à nous conduire à Balade.

Il y avait à bord, moi compris, dix condamnés à la déportation simple, mes futurs voisins, et quarante forçats. Ceux-ci formaient une équipe pour la construction des routes. Les gens de la chiourme les surveillaient de près, mais à force de ruses et de précautions, ils parvenaient tout de même à nous communiquer leurs idées. J'appris qu'ils n'étaient pas fâchés d'aller à Balade, non pas à cause de la beauté du pays, assez médiocre, disaient-ils, mais parce qu'ils seraient loin du bagne de l'île Nou, qu'ils pourraient s'établir, se marier, et se moquer ensuite des « gaffes ». J'approuvais fort leurs projets, pour les ménager ; mais, en les écoutant, je me demandais avec une certaine inquiétude si ces messieurs n'allaient pas devenir aussi mes voisins.

Leur conversation ne me rassurait pas ; car il paraissait bien, à leurs propos, qu'ils ne regrettaient nullement leurs méfaits et n'étaient pas affectés de leur châtiment. Bien au contraire, ils vantaient à l'envi leurs crimes en en exagérant, je crois, par une étrange émulation, le nombre et l'atrocité. Il me semblait, à les entendre, assister à un concours de scélératesse, où le plus coquin s'efforçait d'emporter le prix.

Dix baraques, disséminées autour du poste occupé par une compagnie de soldats de l'infanterie de marine, c'est Balade, la ville de Balade. Un fonctionnaire très galonné nous y reçut, et, nous indiquant de la main une plaine immense, où les niaoulis et les rhododendrons croissaient dans la brousse :

— Les concessions qui vous sont accordées sont là, dit-il. Demain le géomètre les divisera. Vous choisirez chacun votre lot.

On n'est pas plus aimable que ce monsieur le fonctionnaire qui, sur ces mots, nous tourna le dos, oubliant qu'il nous laissait sans logement ni vivres.

— Mais, où coucherons-nous, monsieur ?

— Où vous voudrez. La place ne vous manque pas.

— Sans doute. Mais ne pourriez-vous nous donner une tente ?

— Je n'en ai pas.

— Et des vivres ?

— J'en aurai demain. En attendant, débrouillez-vous !

Il faut avoir été le commensal de la marine française pour comprendre la signification toute-puissante, tranchante, irrésistible, de ces mots : Débrouillez-vous !

Débrouillez- vous, cela répond à tout. C'est le « tarte à la crème » des fonctionnaires embarrassés. Vous doivent-ils quelque fourniture, des vivres ou des vêtements et ne vous les donnent-ils pas ? Débrouillez-vous ! — Êtes-vous malade et ne seriez-vous pas fâché d'être soigné ? — Le médecin est absent et les médicaments sont avec lui. Débrouillez-vous ! — Mourez-vous sur l'entrefaite ? Vous n'avez pas su vous débrouiller.

Les colons qui, surpris par les Canaks, furent massacrés en 1878, n'étaient pas débrouillards. Les pauvres diables comptaient qu'on veillait à leur sûreté. Innocents ! Le beau de la chose est qu'on ne saurait faire deux pas dans la colonie sans l'octroi d'un commissaire de marine quelconque, représentant le gouvernement central, et que, fût-on le plus habile homme du monde et le plus actif, on ne peut jamais se débrouiller sans lui. Du reste, ce monsieur qui veut qu'on se débrouille, embrouille tout ce qu'on essaie de débrouiller, et serait bien fâché que l'initiative individuelle prît la place de son importance. C'est comme cela, et m'est avis que voilà la raison démonstrative de notre prospérité coloniale.

Pardon de la digression ; je reviens à mon histoire.

L'autorité avait parlé, inutile d'insister.

La nuit survenait ; nous nous couchâmes à terre, nos sacs de marins nous servant d'oreiller, un mouchoir sur le visage, et tout enveloppés dans nos couvertures.

Un phénomène heureux, en ce pays trop primitif, c'est qu'on n'y voit pas, à part les forçats, le moindre animal nuisible. Les roussettes dans l'air et les lézards de toutes grandeurs dans l'herbe sont les plus grosses espèces de la faune néo-calédonienne, Mais les insectes y pullulent, d'une merveilleuse variété de forme et de coloration. J'y ai remarqué surtout le papillon bleu, vraiment splendide,

et la libellule géante, contemporaine, dans l'ordre géologique, de la fougère arborescente où d'ailleurs elle se pose encore.

On pourrait donc dormir en paix sur le sol, n'étaient les maringouins, moustiques dont les piqûres cuisantes et les bourdons agaçants interrompraient le sommeil le mieux trempé. Dès le coucher du soleil, les escadrons volants de ces insectes se mettent en campagne, rien de plus redoutable; nul être humain ne peut leur échapper, s'il ne couche à l'abri d'une moustiquaire. Aussi préfère-t-on voyager à la Grande-Terre pendant la nuit et s'y reposer le jour. En tout cas, c'est une précaution indispensable à prendre que d'incendier la végétation à l'endroit où l'on veut établir sa demeure Un fossé creusé autour de la concession, on boute le feu dans l'herbe; la prairie flamboie, et la flamme, ayant tout dévoré, s'arrête net à la limite fixée.

Ainsi fîmes-nous le lendemain. Un géomètre ayant arpenté le terrain, nous eûmes chacun la propriété d'un hectare de brousse. La mienne s'étendait en pente, au-dessus d'un ravin fangoux, et n'était guère éloignée que d'une heure de marche d'un petit bois, une « forêt », disait l'administration.

Notre premier soin fut aussitôt de nous construire un abri. Des arbres sciés, émondés, et solidement attachés par des lianes en firent la charpente ; les grandes herbes formèrent les murs et couvrirent le toit. Rien, comme on voit, de plus simple, champêtre et rustique.

Huit jours après cette installation, notre idylle fut interrompue par M. le commissaire de Balade : il nous apportait des cordes et des clous, et voyant nos paillottes achevées, pensa tomber de son haut.

— Vous avez donc pu vous passer de moi ?

— Il l'a bien fallu, monsieur le commissaire.

— C'est étonnant ! Enfin, très bien ; vous aurez la *double*.

La *double*, c'est-à-dire une double ration de vin, qui fut très bien reçue.

Quelques jours se passèrent, et le même commissaire nous fit envoyer des pioches, des bêches et des râteaux, instruments de culture et de défrichement. Quant aux semences que nous avions réclamées, on ne nous les donna jamais ; il fallut les acheter au patron d'un bateau marchand australien qui vint, au bout d'un mois, aborder à Balade.

Pendant ce temps d'expectative, nous eûmes le loisir de contempler les « œuvres de Dieu » avec lesquelles, comme l'avait prophétisé cet excellent M. d'Haussonville à l'Assemblée nationale, notre « situation nous mettait en rapports journaliers ».

Ici, les « œuvres de Dieu » n'étaient pas brillantes, et il faut convenir que l'Être Suprême aurait pu beaucoup mieux faire. Il ne lui en eût pas coûté davantage. L'humus, peu profond, de nuance bitumineuse, humide et pierreux, n'était pas fertile. C'est à peine, en dépit de nos fatigues, s'il nous produisit du maïs. En revanche, le manioc, l'ignane et le taro, dont les plants nous furent donnés par un Canak de nos amis, y réussirent très bien.

Notre Canak se nommait Me-Hi. Il appartenait à une tribu très amie des Français, parce qu'étant très éloignée d'eux, elle n'en avait jamais reçu la moindre offense. Me-Hi, fils d'un chef, était un beau garçon, que sa physionomie ouverte et son éternel sourire de sauvage rendaient sympathique. Comme il adorait le café, notre régal de tous les instants, il venait souvent nous voir et prenait place à nos côtés dans la paillotte où nous nous réunissions.

Charmant Canak ! Il avait un plaisir extrême à nous parler de la Commune, et se faisait de notre importance l'idée la plus flatteuse. Je ne sais d'où il tenait que nous étions tous de grands chefs révoltés, dont un chef plus puissant s'était débarrassé, après les avoir vaincus. Mais il était fortement imbu de cette opinion, que nous affermissions de notre mieux par des raisonnements à la portée de son ignorance.

— Toi, tayo? Quel grade ? interrogeait-il.

— Moi, capitaine.

— Oh ! Et toi ?

— Moi, commandant, chef de bataillon.

— Oh ! oh ! Et lui ?

— Lui délégué.

— Oh ! oh ! oh !

Et il fallait voir de quels roulements d'yeux ébahis, Me-Hi, joignant les mains, les élevant en l'air, en signe d'une admiration indicible pour notre grandeur déchue, accompagnait ces exclamatifs : oh ! oh ! oh !

Me-Hi entra bientôt avec nous en relations d'affaires. Sa probité, sa bonne foi parfaites prouvaient bien qu'il n'était pas un commerçant civilisé, comme les mercantis de Nouméa ou de l'île des Pins. Nous échangeâmes des mouchoirs, des cravates, du linge hors d'usage, contre des poules et des coqs. Puis, s'étant procuré une carabine à deux coups, il nous pria de l'accompagner à la chasse aux boccas, et nous montra son adresse surprenante à manier les armes à feu.

Plus je fréquentais Me-Hi, plus j'appréciais la candeur et la loyauté de son caractère. Par une conséquence naturelle de l'association des idées, l'amour de l'utopie, lequel, hélas ! m'avait conduit de Belleville à Balade, reprenait sur moi tout son empire, et je me disais qu'il serait excellent, par des procédés vigoureux, de ramener les hommes à l'état de communauté et d'ingénuité primitives des tribus polynésiennes. Qu'on me confie seulement la dictature absolue pendant six mois, et les

Français n'auront plus à envier aux Canaks leurs impeccables vertus.

Pendant que je formais ces rêves pour le bonheur du genre humain, la civilisation étalait à côté de nous ses plaies hideuses. Les forçats, à quelque distance de notre établissement, traçaient une route. Divisés en escouades de dix individus, ils cassaient des cailloux ou terrassaient six heures par jour, sous la garde de la chiourme, assez peu sévère, du reste. Le soir, échappant à la surveillance, ils se rendaient chez un forçat libéré bien connu, que sa réputation de ruse, de force et d'agilité avait fait surnommer « le Diable ».

Le « Diable », assurément doué d'une intrépide énergie, devait à cette qualité précieuse sa vie et sa fortune, toujours menacées.

Les forçats allaient chez lui dans l'espoir de l'assassiner et de le voler ensuite; il ne l'ignorait pas.

A l'heure convenue, il les recevait un à un par une étroite ouverture dans son antre, souterraine grotte d'accès difficile, et n'en laissait jamais pénétrer plus de dix. Armé sans qu'il y parût, l'œil alerte, ne perdant pas un mouvement de ses hôtes dangereux, il les servait, buvait avec eux du tafia et de l'absinthe pure, qu'on lui payait au poids de l'or, et jouait aux dés et au tourniquet des sommes improbables. Puis, aux premiers symptômes d'ivresse, il invitait ces « messieurs » à sortir; cela sur un ton bref, impératif, et souligné d'un geste si menaçant, qu'on ne se le faisait pas répéter deux fois. Nos coquins décampaient, dépouillés de leur argent, et revenaient le lendemain.

C'est à observer ces mœurs que nous passions notre temps, sans grand profit pour la colonisation. Je regrettais l'île des Pins et ma florissante propriété de la troisième commune. Décidément, les chagrines prophéties de mon camarade étaient fondées; la Grande-Terre n'avait pas réalisé mes espérances.

Les choses en étaient là lorsqu'on nous annonça la visite de M. le gouverneur : le capitaine de vaisseau de Pritzbuer, depuis peu nommé à cette fonction, prenait, *de visu*, connaissance de la colonie. Officier distingué, d'une aménité, d'une affabilité imperturbables, il nous détestait sincèrement et nous le faisait sentir, mais avec une politesse qui lui gagnait tous les cœurs.

Il aurait, je crois, ordonné de nous fusiller en souriant si doucement qu'on l'eût encore remercié de sa bienveillance.

Aussitôt arrivé, ce digne gentleman nous envoya M. le commissaire de Balade pour nous exposer ses intentions.

« M. le gouverneur recevra demain les déportés qui désirent lui parler, nous dit ce fonctionnaire. Vous pourrez lui adresser vos réclamations, il les écoutera ; mais je ne vous engage pas à trop parler, surtout à vous plaindre ; vous indisposeriez peut-être le meilleur des gouverneurs. Vous êtes très bien ici ; il dépend de vous d'y fonder un bon établissement. Je suis chargé de vous apprendre qu'on vous accordera volontiers l'autorisation de vous marier. Nous désirons que vous ayez une famille : la Famille et la Religion sont les bases d'une société. Peupler est le premier besoin d'une colonie. Il faut peupler ! La race blanche doit dominer et supprimer ici la race noire. Réfléchissez, bonne nuit, et à demain ! »

Parmi nous, deux déportés seulement pouvaient accepter l'offre généreuse de M. le gouverneur, les autres étaient mariés. Cependant, nous nous rendîmes au complet à l'audience où M. de Pritsbuer, en grand uniforme, entouré de son état-major, rendait ses oracles.

Son allocution fut courte et d'une onction touchante. Il nous recommanda le travail, la patience, et généralement la pratique de toutes les vertus chrétiennes, protestantes et catholiques. Il parlait d'abondance sur ce sujet pieux, ayant appartenu à la religion de Calvin, qu'il avait depuis peu quittée pour celle du pape.

« Ne comptez jamais rentrer en France, nous dit-il en finissant, du ton agréable dont il nous eût annoncé l'amnistie. Habituez-vous à votre nouvelle patrie et tâchez de vous créer une existence supportable. C'est la grâce que je vous souhaite. »

Dans tout cela, pas une allusion aux avis matrimoniaux de M. le commissaire de marine.

L'un de nos célibataires le fit remarquer à M. le gouverueur.

— Mon ami, répondit-il, on vous a trompé. Les femmes arrivées par le *Fénelon* sont des transportées destinées aux forçats. Néanmoins, si vous désirez vous unir à l'une d'elles, je ne vois aucun inconvénient à votre mariage... M. le commissaire, prenez le nom de ce garçon... Quelqu'un a-t-il encore une demande à m'adresser?

Encouragé par cette bienveillance exquise, un de nous dit timidement:

— Moi aussi, monsieur le gouverneur, je voudrais bien me marier, mais c'est que je le suis déjà...

— Vraiment, mon garçon! Mais qu'à cela ne tienne. Un mariage en France ne signifie rien ici. Monsieur le commissaire, prenez son nom.

Et il nous congédia, nous laissant enchantés de l'urbanité de ses manières, bien qu'à n'en pas douter, il se fût tout simplement moqué de nous.

Les dames intéressantes amenées par le

« *Fénelon* » étaient cloîtrées dans un couvent voisin de Balade, sous la direction spirituelle des sœurs de Saint-Joseph.

Il courait sur ce pénitencier religieux plus d'une légende édifiante. J'ai retenu celle-ci, dont je ne garantis pas l'authenticité; je le répète, c'est une légende.

Le déporté X... s'en fut un jour au couvent. Il supportait mal le célibat et souhaitait se marier. « Qui sait, pensait-il, si je ne rencontrerai pas parmi ces infortunées une Marion Delorme ou une Marguerite Gautier repenties, capables de se refaire par l'amour une virginité ? »

La sœur tourière le reçut au parloir grillagé ; mais dès qu'il eut fait connaître l'objet de sa visite, elle le pria de passer au parloir de faveur.

Survint la supérieure. Grande, sèche, le visage maigre et dur sous sa coiffe, elle dit pourtant avec une certaine douceur :

— Vous désirez vous marier, monsieur ?

— Oui, ma sœur.

— Comment voulez-vous que soit votre femme ? Grande ou petite ?

— Petite, sans être une naine cependant.

— Je conçois. Brune ou blonde ?

— Brune, s'il vous plaît.

— Bien. De quel âge ?

— Jeune, s'il se peut.

— Très bien. Je crois avoir votre affaire.

Elle consulta le registre d'écrou et sonna.

— Faites venir le n° 38, je vous prie, dit-elle à la tourière.

Le n° 38 entra. C'était, en effet, une femme de taille moyenne, brune, mais d'une figure horriblement vulgaire, que le vice avait marqué de son empreinte indélébile.

— 38, dit la supérieure, monsieur veut vous épouser. C'est un déporté ; il vous fait beaucoup d'honneur. Tâchez de vous entendre avec lui. Je vous laisse ensemble.

Point n'était nécessaire de causer; notre célibataire ne voulait à aucun prix du n° 38.

Mais 38 ne l'entendait pas ainsi. Elle s'approcha en minaudant, et d'un accent dont elle s'efforçait d'attendrir la rudesse canaille :

— Si monsieur veut de moi, je consens à l'épouser, dit-elle. Monsieur est très comme il faut. Je serai bonne fille. D'ailleurs, je suis

honnête, je n'ai pas assassiné. Je suis ici pour vol avec effraction. Fallait bien vivre, pas vrai? Mais je me conduirai bien avec monsieur.

Cette déclaration de principes, lègèrement cynique, entendue, X... avertit aussitôt la supérieure.

— Déjà? fit celle-ci. Vous n'avez pas eu le temps de faire connaissance. Enfin, si madame ne vous plaît pas...

— Non, ma sœur.

— Rentrez, 38!... Je vais vous présenter le bijou de la maison, la plus sage et la plus soumise de nos détenues... Appelez le n° 64!

Le n° 64 ne ressemblait pas à la précédente. Brune aussi, mais d'une taille plus petite, de grands yeux bleus effrangés de longs cils la rendaient presque jolie; elle se tenait modeste et timide en face de la supérieure, sans oser regarder son futur.

Après avoir répété au 64 l'avertissement donné au 38, la supérieure se retira.

— Ah! monsieur veut m'épouser? s'écria l'ingénue sans manifester aucune surprise. Je lui suis bien obligée. Vrai, ça me fait plaisir. Il me tarde de lâcher cette turne. Emmène-moi, tu seras un zig. Je m'...embête ici, tu comprends... Autant toi qu'un autre. Mais, tu sais, je te le dis tout de suite, puisque ça t'intéresse, j'ai passé le « grand lac » pour empoisonnement. Dame, *il* m'ennuyait à la fin!... Oh! mais, j'ai eu les atténuantes! J'ai pas volé les pantes, ne crains rien pour ton sac, si t'en as un. Du reste, je te serai fidèle, si t'es bien gentil!...

Frappé de stupeur et de dégoût, X... sonna la supérieure.

— Ah ça! dit cette pieuse personne, vous vous attendiez donc à trouver des vertus ici, monsieur? Je vous offre la fine fleur du couvent et vous n'en voulez pas, vous êtes difficile!... Au préau, 64!

— Désirez-vous faire une troisième épreuve?

— Non, merci, ma sœur.

Et l'aspirant s'enfuit et court encore.

Entre forçats des deux sexes, les mariages se font ainsi, et l'on prétend que les couples liés de cette façon ne sont pas aussi misérables que la qualité des époux permettrait de le supposer.

Des vices contraires en s'associant s'équilibrent, et jusqu'à certain point s'annulent. On vante le ménage de criminels dont les tendances, également redoutables, sont en chacun d'une nature très différente, et l'excellente éducation qu'ils donnent à leurs enfants pour qu'ils ne leur ressemblent pas. Je livre ces réflexions aux méditations des philanthropes utilitaires de l'école de Bentham, s'il en existe encore.

Nous séjournions à Balade depuis six mois, quand nous reçûmes l'ordre de retourner à l'île des Pins.

Les concessions, arrosées de nos sueurs, défrichées, ensemencées, nos paillottes, il nous fallait céder tout cela à d'infortunés émigrants de l'Alsace-Lorraine.

Comme on nous devait une indemnité, l'administration la réclama des nouveaux occupants. Ils payèrent, et l'argent versé devint ce qu'il put. On ne nous remit pas un sou.

Pour moi, je ne me plaignais pas trop, dans le contentement où j'étais de revoir mes camarades de la troisième commune.

En 1878, j'appris avec étonnement qu'une tribu de Canaks, le séduisant Me-Hi en tête, avait massacré tous les colons de Balade, nos infortunés successeurs. A qui se fier désormais? et la vertu n'est-elle vraiment qu'un mot?

Le « Diable » s'était sauvé à temps sur une pirogue et, dit-on, s'amasse en ce moment une jolie fortune à Melbourne. Dans quelques années d'ici, il sera peut-être, sous un nom britannique, l'un des gros bonnets de Nouméa.

Chi lo sà?

Il faut douter de tout, c'est le commencement de la sagesse et la fin morale de nom autobiographie.

VI

LE THÉATRE

Dimanche! c'est dimanche! Un soleil radieux illumine l'azur intense, profond du ciel. Une brise rafraîchissante, imprégnée de senteurs marines et des parfums de la forêt, ondule mollement les tiges d'or des champs de maïs. A l'horizon, au-dessus du pic N'Gua, l'œil exercé d'un Canak n'apercevrait pas un de ces nuages légers, gros comme un ballon d'enfant, qui si vite grandissent et se résolvent en pluies torrentielles sous le capricieux climat des tropiques.

C'est dimanche! Il fait beau ; on peut sortir, se délasser de l'oisiveté de la semaine. Le temps de s'habiller coquettement d'une blouse et d'un pantalon blancs, puis de pendre à la crémaillère du foyer, au-dessus d'un arbre enflammé, la marmite où baigne, dans l'eau claire, la maigre ration quotidienne ; on est en route.

On se hâte, il ne faut pas arriver en retard, toutes les places seraient prises. De Gadji à Uro serpente déjà par les chemins une longue file d'hommes, tous pressés, tous le visage éclairci d'une lueur de plaisir anticipé ,se dirigeant vers le même but.

Great attraction ! Les artistes du théâtre des « Délassements » ont fait afficher dans les cinq communes, sur les murs de bois noirci des mairies, — qu'ils donneraient, à midi précis, une représentation extraordinaire.

Savoir quoi, ce n'est pas l'affaire. On jouera d'abord un ou deux vaudevilles, légers levers de rideau, histoire de rire un peu et de se mettre en train. Mais le succès est pour la pièce de résistance, troublante et pathétique à tirer des larmes d'un surveillant militaire : *Marie* ou *Trois époques*, par Mme Ancelot.

L'acteur préféré, l'étoile de la troupe des « Délassements », remplira le rôle principal, celui de la délicieuse Marie, l'ange du sacrifice. Pour imiter les grâces féminines, porter avec aisance une jupe à traîne, agiter un éventail, rire ou sangloter avec des notes aiguës de soprano, cet artiste n'a pas son pareil ou sa rivale : *great attraction !*

A mille pas de l'Océan Pacifique, dans une clairière lumineuse, où les arbres géants, les banians au tronc énorme, les palétuviers, les milnéas, les gaïacs projettent leur ombre — des tréteaux élevés, peinturlurés, décorés d'attributs symboliques : c'est le théâtre des « Délassements ». La scène, entre deux colonnes à chapiteaux réunis par un fronton, où s'entre-croisent près d'un tambour de basque une lyre et un cornet à piston, figure un portique d'ordre incertain, mais de l'effet le plus majestueux. On dirait d'une scène parisienne. Rien n'y manque, ni le rideau à grands traits barbouillé, ni les décors variés, ni les trucs, ni les costumes historiques ou modernes.

Devant, en face du trou du souffleur, le pupitre du chef d'orchestre, le banc des musiciens, puis les chaises — luxe suprême — réservées aux officiers de garnison ou de passage, aux surveillants, mais surtout aux dames.

Honneur aux dames ! On a beau dire : l'étiquette ni la galanterie ne sont oubliées, et l'on sait ce que l'on doit au beau sexe et à la hiérarchie sociale.

Les gradins en amphithéâtre de la deuxième et de la troisième galeries, places de prix modiques pour les bourses plates, garnissent le second et l'arrière-plan. Le pourtour est limité par des cordes attachées à des pieux, et les « sans le sou », libres de s'appuyer à cette barrière fragile, saisiront au vol — comme le gueux de Rabelais le parfun des rôtisseries — quelques bribes des jolis propos échangés sur la scène. Faut de l'égalité, sans doute, mais n'en faut pas trop !

Ecoutez ! — Si le vent de la mer, soufflant dans sa trompe, n'apporte pas jusque-là le mugissement des vagues soulevées et le frémissement des feuillages, vous entendrez, non des pièces bien neuves, mais d'étonnants acteurs.

Qui les a formés ? Nul ne saurait le dire. Rien, peut-être, si ce n'est le merveilleux instinct d'imitation que tout Parisien trouve en lui-même, et qui, dans la Commune, vous vous le

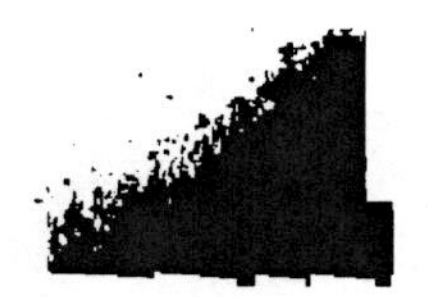

rappelez, fit jouer à tant de héros des conseils de guerre un rôle si bizarre. La plupart ont pris une vague idée de l'art dramatique en assistant aux représentations des théâtres des boulevards extérieurs. Le chef de la troupe a peut-être été figurant aux Batignolles, et le metteur en scène machiniste à Montmartre ; mais qu'importe leur origine, s'ils sont capables de leurs fonctions? Et ils en sont capables, ils en sont maîtres ; ils s'agitent sur les planches en gens sûrs de l'effet qu'ils font, sans tâtonner ni broncher, dociles à la voix du souffleur, gais, hilares, émouvants, passionnés, irrésistibles !

Le public, ravi par les farces grotesques ou bien ému par les sentimentalités criardes, se tord de rire ou fond en pleurs avec une égale facilité. La tirade surtout, emphatique, solennelle, fausse, oh ! la tirade ! Il ne peut s'en rassasier. Entendre déclamer, cela lui semble exquis. C'est pour son oreille comme un écho des réunions publiques d'antan, et il applaudit, plaudit, plaudit à outrance. Les artistes sont bissés, rappelés, enchantés, et monsieur le grand premier rôle offre avec infiniment de politesse à son camarade, Mlle Marie ou Trois-Epoques, un gros bouquet lancé pour elle sur la scène, et qu'il reçoit avec une belle révérence à la compagnie.

En ces heures trop courtes de joie franche et d'attendrissement naïf, les déportés ne songent pas au passé, ni à l'avenir, bien sombre aussi, et les douleurs fictives auxquelles ils s'intéressent détournent leur esprit de celles qu'ils éprouvent trop réellement. Il y a trêve, trêve au chagrin, aux soucis, aux querelles, aux récriminations, trêve bienfaisante d'un instant. Un poète du cru dont je retrouve les vers en un journal : l'*Album de l'île des Pins*, exprime ainsi, dans une saynète où le directeur du théâtre et un amateur se donnent la réplique, la brièveté et la moralité de ces plaisirs. Mais, dit l'amateur, surpris de l'étourdissante gaîté des déportés :

Je ne l'attendais pas, monsieur, chez des proscrits.

LE DIRECTEUR

Pourquoi cela, monsieur ?

L'AMATEUR

On vous disait si tristes ;

Je pensais vous trouver en humeur de trappistes
Creusant votre tombeau...

LE DIRECTEUR

Mais la raison, enfin ?

L'AMATEUR

La raison ?... Cet exil dont on ne sait la fin ;
Ces huit ans arrachés au cours de votre vie,
Lentement écoulés loin de votre patrie,
Et qui n'ont rien laissé qu'un sombre souvenir
Dans votre âme inquiète encor de l'avenir.
Quoi ? n'éprouvez-vous pas des bannis les souffrances,
Le désespoir qui naît des longues espérances,
Et ne songez-vous pas que ceux qui vous sont chers,
Exilés comme vous, passent des jours amers ?
Vous riez, vous chantez, singulière allégresse !
Est-ce excès de vertu ? Est-ce excès de faiblesse ?

LE DIRECTEUR

Ni l'un ni l'autre, ami. Nos divertissements
N'effacent pas des cœurs les nobles sentiments,
Ni les regrets, hélas ! légués par les années,
Ni les rides au front par l'exil burinées.
Celui qui vient à nous laisse le poids trop lourd
De ses chagrins dehors et l'emporte au retour.

L'AMATEUR

Comme on reprend son bien en passant au vestiaire ?

Il a raison l'amateur et raison aussi le directeur. Le théâtre n'offre pas seulement une distraction aux déportés, il les soulage, les apaise de ses caresses de mots et de flonflons.

La représentation finie, bientôt les prend la mélancolie ; ils marchent de nouveau courbés sous le fardeau des peines, et, tout à l'heure en repassant sur la colline, ils n'auront pas un regard pour l'admirable paysage où ils vivent, visible de là dans sa magnifique étendue, que le soleil couchant empourpre de ses derniers feux.

Et le soir, dans les paillottes, ils causeront encore, ainsi qu'ils ont fait la veille, comme ils feront demain, toujours, de cette politique qui les tourmente, de ces recours en grâce depuis six mois envoyés à M. le maréchal et demeurés sans réponse, de l'amnistie qui ne vient jamais, jamais, des députés si timides, de Gambetta qui pourrait, s'il voulait... de tout cela et de bien d'autres choses.

Mais à les voir dans l'épanouissement sincère de leur joie bruyante et de leur émotion vraie, vous n'auriez jamais reconnu en eux ces farouches soldats de la Commune qu'une histoire mensongère a rendus si terribles. Eux ! des hommes politiques, des hommes de parti !

vous ne l'auriez pas cru, et si l'on vous eût dit qu'on essayerait un jour de les grouper dans la haine pour une indispensable revanche socialiste : folle, inutile tentative, auriez-vous répondu.

Parfois même vous les auriez aimés. Tenez, par exemple, quand au chant de couplets où la patrie absente, ses malheurs et sa gloire passée étaient célébrés, ils saluaient, ravis, de leurs bravos enthousiastes, les souvenirs sacrés de la terre natale. Alors un sentiment indéfinissable de fraternité nous gagnait, nous unissait, sentiment fugitif, vite effacé, disparu !...

VII

LA PRESSE. — LA LITTÉRATURE

Les déportés de l'île des Pins eurent leur littérature publique et privée, imprimée et manuscrite, d'abord clandestine, puis autorisée et censurée, composée de chansons plaintives et satiriques, de poèmes ambitieux, descriptifs, lyriques et dramatiques, de journaux plaisants, sérieux, caricaturesques, pittoresques, doctrinaires, politiques, anarchistes et même conservateurs. Il y en avait pour tous les goûts.

LES LITTÉRATEURS

Ce n'étaient point des hommes d'un talent éprouvé, des étoiles de première ou de moyenne grandeur, émules de Rochefort ou de Paschal Grousset, déjà scintillants sous d'autres cieux :

le plus illustre se nommait *Mourot*. Un reflet de la gloire du pamphlétaire éclairait ce gros garçon qui ne fut jamais, en dépit de cet avantage, qu'un épicier médiocre. Mais sa réputation était mirifique. Songez donc, il avait connu Rochefort !

Les autres étaient des dilettantes, des Parnassiens, tout affadis, imitateurs pour la forme et pour le fond de la *Lanterne* et du *Tintamarre*, aimables garçons égarés dès leur plus tendre enfance dans les mauvais lieux de la politique, pris, au sortir du collège, dans les chausse-trapes de la Révolution du 18 mars, révolutionnaires fougueux du quartier Latin, fonctionnaires imberbes de la préfecture de Raoul Rigaut, acteurs candides dans ce qu'ils pensaient être une bonne farce jouée au gouvernement et, tout dépités et morfondus du fâcheux dénouement d'une plaisanterie aussi corsée, jurant un peu tard qu'on ne les y prendrait plus, et pourtant — par souci de la faveur populaire, ménagement de leur réputation, car enfin, sait-on ce qui peut advenir ? — s'efforçant de donner à leurs visages d'adolescents et à leur style de bacheliers l'air de gravité qui plaît aux démocs-socs blanchis sous les verrous des tyrans.

Si les feuilles hebdomadaires de la déportation ne contenaient que les élucubrations diverses dues aux plumes novices de ces messieurs, ce ne serait pas la peine d'en parler, mais d'autres choses y sont, qui en rendent la lecture plus curieuse qu'on ne peut le supposer.

J'ai sous les yeux les collections multiformes de ces publications : *Album de l'île des Pins,* première manière, *le Raseur*, *les Veillées calédoniennes*, rédacteur en chef Mourot ! *l'Album de l'île des Pins,* deuxième manière, *le Parisien* et *le Parisien illustré*, *le Coq gaulois* par Alp. Pélissier. Je dois en oublier.

Ces journaux sont illustrés de dessins naïvement fidèles ; dessins et textes nous racontent à merveille les occupations, les désœuvrements les privations, les tristesses, les rêveries, les espérances et les déceptions de la masse des déportés, et aussi, et surtout, les futilités, les prétentions, les jalousie mesquines, les cancans les imitations serviles d'une coterie de petits bourgeois perdus dans cette masse, groupe minuscule de privilégiés de la naissance et de l'éducation dans une société de prolétaires ignorants, soulevés par la haine vigoureuse de leur incurable misère.

L'IMPRIMERIE A L'ILE DES PINS

Le prodige de cette littérature, c'était l'instrument qui lui servait à multiplier ses exemplaires : son imprimerie graphique. Là encore se révélait l'industrie inventive, patiente, inépuisable de l'artisan parisien. Il ne se peut rien de plus correct, de plus net, de mieux rendu que les journaux dont nous avons cité les noms. Il est impossible même à Paris de n'en pas admirer la main-d'œuvre.

Le matériel de l'imprimerie n'était pas considérable ; une paillotte, étroite, incommode comme toute les paillottes, le contenait en entier Il se composait d'une presse à bras, que deux ouvriers faisaient mouvoir. L'un deux l'avait construite de mémoire, sans modèle aucun. On lui devait aussi le procédé usité, et parfaitement nouveau d'encre reproductive sur feuilles de zinc. Dans tout cet appareil, le zinc seul venait de Nouméa, où il était importé d'Australie, la forêt en avait fourni le bois ouvragé ; les plantes de l'île, l'encre d'impression.

Ce travail difficile s'était achevé en cachette de l'Administration, avant qu'on eût obtenu le droit d'imprimer. De quelles précautions de quelles ruses, de quel secret ne l'avait-on pas entouré ? Et quelle joie, quand les premières épreuves, vraiment réussies, on put répandre dans l'île à deux ou trois cents exemplaires, les nouvelles les plus fraîches de la France — j'entends datant de deux mois au plus ! Il faut avoir subi l'exil à quelques milliers de lieues de la patrie pour comprendre ces émotions.

Ainsi les ouvriers firent œuvre utile et bonne. Mais le contraste est vif, saute aux yeux de ces révolutionnaires du peuple aux révolutionnaires de la bourgeoisie. Les premiers ont une valeur, ils agissent, ils créent; les autres sont toute légèreté, frivolité, déclamation.

Ce que je dis ici, je le prouve en exemple.

L'ARTICLE POLITIQUE

Voici l'article politique, orné d'une caricature où M. le maréchal de Mac-Mahon, accompagné d'un chien mouton tenant une sébile, est représenté jouant de la clarinette sur le pont des Arts. Il s'agit des élections sénatoriales de 1878, le rédacteur du premier *Uro* (capitale de l'île des Pins) s'exprime de la sorte (nº du 5 février 1879) :

« La victoire n'est donc pas douteuse... Il y a bien quelques douairières bien pensantes, squelettes déballés des sarcophages égyptiens qui ont remplacé les bandelettes sacrées par le corset perfectionné de Mme Hébert et le cercle d'or par un faux toupet bien poudré, etc., etc. »

Cette prose bizarre est destinée à 3,000 pauvres gens illettrés — et n'est pas accompagnée d'un vocabulaire explicatif. Impardonnable négligence !

Les opinions des jeunes bourgeois sont éclectiques, sceptiques et surtout modérées ; on admire fort M. Gambetta. Je cite :

« M. Gambetta non seulement contesté, mais renié par ses anciens électeurs qu'il a laissé égorger sans protester, accusé par la réaction et livré aux commissions d'enquête malveillantes, rallie autour de lui tout ce qui reste debout du grand parti national, ranime les courages, gagne M. Thiers à sa cause, a raison des sympathies, des antécédents de ce vieillard opiniâtre et en fait l'un des défenseurs les plus vaillants de la République. Sachant bien qu'il n'y a rien à espérer de la Chambre de 1871, il prépare dans la province les élections futures, crée les comités républicains, prosélytisme incessant parce qu'il est fait par tous et pour tous, fonde une presse qui initie le peuple à la vie publique et lui donne le goût des affaires; à la Chambre il lutte pied à pied, force les conservateurs à modifier leur Constitution, à y introduire des amendements, dont ils ne prévoient pas les conséquences, mais qui doivent cependant nous donner la victoire... Il pourra dire un jour avec l'orgueil de la victoire satisfaite et du devoir accompli : « Je jure que j'ai fondé la République ! » (*Album de l'île des Pins*, n° du 26 février 1879.)

Ouf! — L'enthousiasme du rédacteur est trop vif pour être exempt du calcul. Cependant, il est à présumer qu'il pense à peu de mots près ce qu'il écrit. Voilà la moyenne de ses idées, de ses desiderata politiques. Mais alors il rompt en visière à la déportation, qui hait et honnit le député de Belleville. Que diantre allait-il faire dans la mêlée communaliste? On se le demande.

L'ARTICLE SOCIALISTE

Un autre jour (*Album de l'île des Pins.* 2 janvier 1879), il s'agit du socialisme et des socialistes que M. de Bismarck vient de faire procrire par le Reischtag.

De se prononcer contre, il n'y faut pas songer. La déportation est supposée socialiste. Que dira le journaliste déporté ?

« Les socialistes que la police prussienne saisira seront de pauvres diables assez semblables à cet ouvrier qui répondit au président de la Chambre qui disait :

« — Accusé, vous êtes socialiste ?

« — Non, monsieur le président, je suis ébéniste. »

« Que veulent dire ces mots : Socialisme, socialistes ? Depuis trente ans en Europe, on ruine, on emprisonne et on déporte, les partis se forment et se détruisent, et personne n'a encore pu donner la signification exacte de son drapeau ?... Je me demande quelle est la question qui ne peut pas être une question sociale. Le mariage, la paternité, la famille, voilà, je crois qui intéresse la société au premier chef. Mais alors, tous les romanciers qui font l'apologie de l'adultère, qui veulent qu'on recherche la paternité, qui admettent le divorce et les unions mal assorties, sont d'infâmes socialistes. A la prison les auteurs de *Madame Bovary,* du *Fils de Giboyer*, des *Idées de*

Madame Aubray, des *Bons Villageois*. Molière, Racine doivent être brûlés en place de Grève et voués à l'exécration publique. »

Dans ce bavardage juvénile, voyez-vous poindre une idée, un principe affirmé, soutenu? L'écrivain n'a garde de croire « que c'est arrivé ». Il a du moins le bon goût de rappeler des souvenirs de théâtre et de romans à des prolétaires qui de leur vie n'ont vu jouer les œuvres de Sardou, d'Alexandre Dumas fils et d'Augier, et qui certainement ignorent le nom de Flaubert. — Passons, voici un délicieux spécimen de

L'ARTICLE FANTAISISTE

L'auteur, un bohème grisonnant, s'adresse au rédacteur en chef de l'*Album de l'île des Pins* (n° du 29 janvier 1879) :

« Te rappelles-tu, cher ami, l'heure si douce où les parfums de la truffe se mélangeant aux fumées du Moët-Chandon ou du Cliquot, chacun voit tout en rose, croit volontiers à la fraternité des peuples, à la vertu des femmes (présentes), au désintéressement des hommes? L'heure où toutes les utopies, tous les rêves sont bien venus? — Tu te la rappelles, cette heure cherchée entre toutes, où, les bras légèrement appuyés sur la table, tu trouves plus d'esprit à tes convives, tu vois plus de feu dans les yeux des jeunes femmes, tu vois leurs épaules plus blanches, plus lustrées, leurs lèvres plus roses, leurs sourires plus séducteurs, leurs regards plus provocants... »

C'est pour trois mille affamés, célibataires forcés, dont l'existence s'est écoulée tout entière dans le travail ardu et la rude indigence, que ces jolies choses sont imprimées. Qui le croirait?...

L'ARTICLE POPULAIRE

Un autre, ex-rédacteur du *Cri du peuple,* estime qu'il faut parler au peuple sa langue imagée, énergique et forte. Il s'y prend ainsi: (*Album de l'île des Pins*, 13 novembre 1878.)

Un déporté apprécie la politique... C'est :

« Le brave vieux qui serre franchement la main, et je vous jure qu'un noble cœur bat sous les lambeaux de vareuse de droguet qui lui restent.

« — Cré coquin !... cria-t-il en arrivant. Plus ça change, plus ça sort toujours du même tonneau.

« — Quel tonneau?

« — Le tonneau où qu'on pêche les ordures habituelles qu'on nous jette...

Suit l'énumération desdites ordures sorties du même tonneau de 1792 à 1871.

« — Aujourd'hui, vous croyez le tonneau vide ?... Ah ! ben oui !... y a encore du machin à remuer dedans et tout plein de marmitons autour pour en escrabouiller les pauvres diables. Les Canaks, hein ?... C'est nous qui leur avons soufflé au... derrière pour les lancer contre les colons...

« — Père Pistoye, lui dis-je, vous avez tort de vous indigner de ces turpitudes éternelles.

Quoi! vous voulez trouver l'odeur du jasmin à ce que les égoutiers traînent sur leurs bottes?... Un peu de raison, corbleu ! — Ce que vous avez fait dans votre vie...

« — Oui, voilà qui est parlé, interrompit le père Pistoye, ce que j'ai fait me console, et les trois quarts des trois quarts l'ont besogné comme moi. Je me suis amarré à l'établi à quinze ans pour donner la becquée à ma mère infirme..., etc. »

L'ARTICLE SPIRITUELLEMENT IRONIQUE

Veut-on montrer de l'esprit, beaucoup d'esprit ? on écrit ceci par exemple : (*Album de l'île des Pins*, 11 décembre 1878.)

« De sa nature, la politique est essentiellement *baladeuse*, pardon de l'expression, mais tant de baladins pratiquent cette science passablement acrobatique, que je me vois forcé de l'employer.

« Chaque fois que la situation est un peu tendue, les danseurs de corde qui sont au pouvoir jugent qu'il est indispensable de montrer à des populations aussi rurales que naïves, le physique austère d'un gouvernement...

« Aujourd'hui l'amant de cœur de Mme Opinion est M. Gambetta.

« Le célèbre député de Belleville, qui aspire avec raison aux lauriers présidentiels, se garderait bien de manquer aux traditions de l'école; aussi a-t-il commencé, à travers les provinces, une série de pérégrinations qui sont émaillées de fleurs de rhétorique et truffées de poulardes à la Périgord... »

Deux colonnes de cet innocent gazouillis n'épuisent pas la verve du rédacteur. Il recommencera le lendemain et continuera tous les dimanches.

LE NOUVELLISTE DU « PROCOPE ».

Il y a aussi une façon très appréciée, dans les tabagies du quartier Latin, de rapporter les nouvelles de l'Europe. Exemples : (*Album de l'île des Pins*, n° du 27 novembre 1878.)

« Constantinople, 26 octobre.

« Il se négocie un traité d'alliance entre la Serbie

et la Grèce, en conséquence des complications sérieuses qui éclateraient en Orient.

« Décidément la Serbie ne veut plus l'être. »

« Londres, 28 octobre.

« On dit que le prince Schouwaloff va remplacer le prince Gortschakoff aux Affaires étrangères et que le comte Orloff part pour l'Angleterre comme ambassadeur plénipotentiaire. — Quoi! Gortschakoff quittereff le ministéroff, cest à renverseski les idéeiff recueschkine. Enfin, il pourraïa se consolèrine en burantiji un penief de toutaïow, horsloff qu'il ne peut pas sentireff. »

C'est tout bonnement charmant!

Mais n'insistons pas. Ces extraits pris au hasard dans la collection des journaux de l'île des Pins donnent une idée juste, ni trop haute, ni trop faible, des convictions, du savoir, des dispositions d'esprit que la bourgeoisie instruite apporta dans le mouvement révolutionnaire et socialiste du 18 mars.

LA PRESSE POPULAIRE

A tout prendre, et réserve faite des tartines littéraires et politiques de ses rédacteurs habituels, la presse de l'île des Pins est un miroir assez fidèle de la vie intime des déportés. Leurs occupations, leurs entreprises, leurs plaisirs mêmes s'y reflètent, à la quatrième page, en caractères variés d'une calligraphie superbe. Là s'épanouissent, après les comptes rendus détaillés et critiques des représentations théâtrales et orphéoniques de la colonie, les annonces commerciales et industrielles les plus imprévues.

La déportation ne vous apparut jamais, lecteur, sous l'aspect qu'elle prend dans ses journaux aux yeux d'un observateur attentif. Vous la figurez-vous pourvue de spectacles divers, de cafés, de limonadiers, de restaurants à prix modérés et à la carte, de magasins remplis de vins exquis et de conserves délicates, de boutiques de coiffeurs achalandées de tout ce qui sent bon, avec des négociants en toutes sortes de marchandises, des fabricants de tous les objets utiles ou futiles? L'aviez-vous jamais imaginée sous cette forme invraisemblable, presque féerique, prospère, heureuse, ayant le superflu, sinon le nécessaire, le rire et la joie, sinon les larmes, la chatterie qui flatte le palais sans nourrir l'estomac, la liqueur qui grise la tête à défaut du vin qui réchauffe le cœur?

M. Rouher la proclamait jadis la plus terrible des peines, sans exception de la peine de mort, incapable, selon le ministre de 1850, d'expier le crime de rébellion contre les lois sociales.

Et vous? vous étiez sans doute de l'avis de M. Rouher?...

Car enfin, l'exil éternel sur une terre muette et sourde, où viennent expirer tous les bruits de la vie libre, comme sur la plage les vagues soulevées de l'Océan, la solitude maudite du corps, du cœur et de l'esprit, l'abandon glacial, rapide ou lent, mais inévitable, de ceux qui nous sont chers, et que la fragilité misérable des sentiments humains mène à l'invincible oubli, une tombe où, vivant, l'on s'enfouit, brisé de douleurs et de regrets, et qui ne laisse rien entendre des sanglots désespérés qu'un malheur sans remède arrache à nos entrailles, à vos yeux la déportation c'était cela — et qu'est-il de plus affreux?

Voici donc du neuf ! Une déportation bien

nourrie, mangeant chaud, buvant frais, gaie, folâtre, égrillarde! Ainsi du moins nous la révèle la quatrième page des feuilles néo-calédoliennes. Rarement, dans ces recueils de folichonneries, une note plaintive, et qui détonne étrangement dans un concerto de satisfactions idéales ou réelles.

Idéales, disons-le. On vante, on énumère complaisamment, on étale les biens que l'on n'a pas. N'était-ce pas, suivant la remarque si fine d'Edmond About, la coutume des poètes enthousiastes de la patrie grecque lorsqu'ils chantaient les beautés des maigres contrées d'Ionie et de Laconie ?

Il en faut donc beaucoup rabattre, ne pas oublier que les mots, *flattus vocis*, n'enveloppent que des apparences. Mais cela dit, cette précaution prise, ne semble-t-il pas que les déportés, amateurs de publicité, aient voulu réagir contre l'impression commune, la détruire ou l'atténuer, et protester, par avance, contre les plaintes que la sensibilité française élèverait en leur faveur?

C'est à ce point qu'on doit mettre les nouvelles étonnantes des journaux, pour en avoir l'exacte mesure. Sans cela, quelle idée exagérée ne nous ferions-nous pas de M. Paupardin, dont le nom majuscule : PAUPARDIN — fréquemment répété — domine des annonces dans ce goût :

MAISON PAUPARDIN

Prochainement ouverture d'une fabrique de

CONSERVES ALIMENTAIRES

Saucissons, Rillettes, Jambon fumé, etc.
Pâtisserie sur commande, Saucisson façon d'Arles et de Lyon
Charcuterie façon de Tours
Achat de porcs sur pieds au prix du cours et au poids
Assortiment de Marchandisses en tous genres aux prix les plus favorables
Voitures de transport et de promenade à volonté.

Et ailleurs :

PAUPARDIN

Achat de Maïas, Œufs, Patates, Potirons
Charcuterie de 1er choix
Tabac français au détail à 25 c., les 0,025 gr.

Grand Assortiment de Cottes bleues
et de Chemises de couleurs.
(*Au prix coûtant*)

Ce négociant offre encore des :

Pâtés de Perdreau truffés,
Pâtés de foie d'Oie truffés,
— de foie de Canard truffés,
Salmis de Canard truffés,
Pâtés de Bécasse,
— d'Allouettes,
Maquereaux à l'huile,
Saumon au beurre et à l'huile,
Truite saumonée,
Andouillettes truffées, etc., etc.

Arrosés des vins de :

Haut-Sauterne	(la bouteille)
Château-Laffitte	—
Château-Margaux	—
Hermitage, etc.	—

La carte du Café Anglais est-elle mieux garnie? Où sommes nous? — La question est permise. Aux noces de Gamache, de gastonomique mémoire? Sancho Pança est-il gouverneur de cette île, fourmillante de pauvres chevaliers à la triste figure? Ou l'âme gourmande de défunt le baron Brisse préside-t-elle, sur ce point ignoré du Pacifique, à l'organisation d'une république de gourmets?

Il n'est pas de suppositions inadmissibles pour expliquer les réclames du Chevet de l'île des Pins. Que faut-il croire de ce qu'il promet? Tout ou partie? Possède-t-il, en sa *maison!* les choses savoureuses qu'il lui plaît de nous annoncer? J'avoue n'en rien savoir, je n'en ai jamais vu la couleur, ni respiré le fumet. Il devait les tenir cachées pour ne pas éveiller les convoitises.

Sa maison était bien connue. Sur la route à gauche, à l'extrémité de la première commune, une enseigne peinte, représentant un monsieur en veston court et une dame à la mode... de 1870, prêts à monter en tilbury, dominait la porte treillagée d'une grande chaumière, entourée d'une cour où stationnaient deux ou trois voitures; c'était la Maison Paupardin.

Il avait à soutenir de redoutables concurrences; celles entre autres d'un émule de Jouanne:

A. FRISON

1er *Groupe*

Tripes à la mode de Caen, tous les mercredis. — Pâtisserie sur commande, tous les dimanches. — Limonade fraîche.

D'un pâtissier, *M. Heinard*, « ayant travaillé dans les meuilleures maisons de Paris, » et d'un restaurant populaire :

RESTAURANT CUSSET

1er *Groupe*

Pension à la quinzaine. — Service à la portion. — Déjeuners et dîners à toute heure. — Cuisine variée et prix modérés.

Si les déportés ne cédaient pas à ces tentations, convenez qu'ils étaient difficiles. Cependant, des concessionnaires dispersés dans les cinq communes de l'île, la plupart vivaient chez eux et préparaient des mets dont vous n'avez pas la moindre idée; patates au piment et aux tomates, ignames frits à l'huile, purée de manioc, potage aux papayes vertes...

Les clients des maîtres-queux de la déportation sont les industriels et notables commerçants qu'elle renferme, par exemple :

FORGE

Qui

Fabrique des jouets d'enfants, des pipes en bois et l'article de Paris en tous genres.

LÉONCE ROUSSET

(*Imitateur lointain de l'Agence Bidaut*)

Qui

Se charge de la rédaction de tous les actes, lettres, recours en grâce, formation de Sociétés. — Comptabilité. — Redressements d'écritures. — Recouvrements. — Arbitrages. — Représentations commerciales.

Cela ne vous donne-t-il pas la plus haute opinion de l'importance et de la multiplicité des affaires traitées à l'île des Pins ?

Voici encore :

CHARLES JOLLY

Graveur

1er GROUPE

Objets d'art en coco. — Coupes. — Baguiers. — Pots à tabac.

FÉLIX OBLET

Bijoutier-Joaillier

Grand choix d'opercules pour boutons de manchettes et autres. — Bagues. — Médaillons, etc.

L. CHÉTIEN ET ROUSSET

Tanneurs-Corroyeurs

Cuir fort, vache molle, veau ciré, veau mégis, cuir pour selliers, chèvres noires et jaunes.

Tannage à façon de toutes sortes de peaux ; cheval, chien, chèvre.

On trouve dans cette maison des chaussures en tous genres ; la double industrie de cet établissement lui permettant, par la suppression des intermédiaires, de consentir des concessions que les cordonniers ne peuvent pas faire.

ALEXANDRE MOGIN

Coiffeur

Parfumerie de choix. — Pommade anti-pelliculaire, arrête la chute des cheveux et les fait repousser. — Grand succès à Nouméa.

Salon à l'instar de Paris.

Ailleurs, nous apprenons que le citoyen *Triollier*, dentiste, transporte ses râteliers artificiels au *Chalet;* que *Petitjean* et *Thominot* sont marchands de légumes, et que *Veillard*, pêcheur, a de nombreux débiteurs récalcitrants, ce qui suppose à la fois des pêches fructueuses et une jolie clientèle d'amateurs de poissons.

D'autres citations me sollicitent, mais je n'en veux pas abuser...

Les sentiments des déportés : philosophiques, esthétiques et non classés, ont une place dans la presse néo-calédonienne.

La poésie florissait à l'île des Pins, et les poètes, aussi pauvres qu'en aucun lieu du monde, n'y manquaient pas.

LA POÉSIE

Dans un numéro, 25 décembre 1878, je rencontre un sonnet, dont le titre : *Caprice de jeune fille*, ne ferait pas soupçonner la chute.

> C'est le premier de l'an, mignonne.
> Je suis prêt à combler tes vœux.
>
> . . . .
>
> Veux-tu des livres, mon trésor ?
> J'en ai de tout chamarrés d'or
> Choisis dans ma bibliothèque.
>
> Veux-tu poser pour nos portraits ?
> — Non... dit la fille, je voudrais
> Voir guillotiner un évêque !

Songez que l'évêque *in partibus* d'Anastasiopolis — *vulgo* Nouméa — laissa passer ce triomphant sonnet, sans plus s'en inquiéter, sans protester, et dites si la liberté de la presse, chez les déportés, n'était pas proche voisine de la licence ?

Après avoir cité cet échantillon de poésie communaliste, il me vient à l'idée que je n'ai pas encore parlé des rapsodes, aux inspirations singulières, dont les chants joyeux ou mélancoliques, ironiques ou indignés, rêveurs, batailleurs ou pittoresques, amusaient la petite colonie. Il serait dommage, en vérité, de ne pas leur consacrer au moins quelques lignes, car ils ont plus vécu, ils ont eu plus de célébrité que tels ou tels recueils de vers, édités chez Lemerre ou Charpentier, embaumés de réclame un jour, et décédés le lendemain.

Quatre mille déportés lisaient ou se laissaient lire les Odes et Ballades de Nemo, l'auteur présumé du sonnet : *Caprice d'une jeune fille*, collaborateur assidu de l'*Album de l'île des Pins*.

Nemo, sûr de sa popularité, en abuse pour

aborder tous les genres ; il est tour à tour, avec la présomptueuse imagination d'un Méridional, élégiaque comme Millevoye, badin et talon rouge comme Gentil-Bernard, dithyrambique et sanglant comme Tyrtée ou Barbier.

Son luth, jamais fatigué, s'accorde à tous les tons, un seul excepté : vainement, dans ses nombreuses élucubrations poétiques, on chercherait un vers, un seul, inspiré par la déportation. Ce poète, écho faible, appauvri, lointain de la France, ne saurait nous intéresser.

Combien nous préférons à son élégante prosodie cette romance d'un inconnu, un peu vieux jeu sans doute, mais touchante :

ESPOIR

Un jour de deuil, France, douce patrie,
Loin de ton ciel les flots m'ont déporté,
Et dans l'exil, ma jeunesse meurtrie
A tout perdu, perdant la liberté.
Faible, abattu, sans vigueur et sans flamme
Quel sentiment pourrait me ranimer ?
Courage, foi, dons sublimes, mon âme
Ne vous a plus, et ne sait plus aimer !

Pourtant, comme un trésor,
Pour alléger ma cruelle souffrance,
O mon pays, j'ai gardé l'espérance
De te revoir encore !

Comme un enfant, dans l'âpre solitude,
Si j'ai pleuré mon avenir brisé,
Si j'ai fléchi sous un fardeau trop rude,
Par la douleur lentement épuisé,
Nul ne soutint ma fierté chancelante,
J'ai vu de moi s'écarter tous les miens ;
La politique, en des jours d'épouvante,
De la famille a brisé les liens.

Pourtant, comme un trésor,
Pour alléger ma cruelle souffrance,
O mes amis, j'ai gardé l'espérance
De vous chérir encore !

Si j'ai douté de l'idéal auguste,
Et reniant les dieux de mon printemps,
Si j'ai maudit l'enthousiasme du juste,
Qui m'a jeté parmi les combattants;
O citoyens, retenez vos colères,
Mon repentir efface mon erreur :
J'avais tant vu de hontes, de misères,
Tant de bourreaux flétrir notre malheur !

Toujours, comme un trésor,
Pour alléger ma cruelle souffrance,
O Vérité, je garde l'espérance
De te servir encore !

Curieux encore, infiniment, est Alphonse Pélissier, le bizarre Marseillais, qui fut un jour — le jour même de l'entrée du général Espivent de la Villeboisnet dans la ville révoltée, le général en chef de la Commune de la Cannebière.

Pelissier rime d'une façon lamentable, il est presque un barbare, mais les sujets de ses poèmes sont pris sur le sol même, dans le milieu étrange, émouvant, où il passait de longues années d'exil.

Que dites-vous, par exemple, de cette description de la *Brousse* :

> Ces prés vous paraissent charmants :
> C'est qu'il y pousse, de tout temps,
> Prodigieusement de l'herbe !...
> Pour justifier le proverbe :
> Mauvaise herbe croît toujours.
> On l'arracherait tous les jours,
> Qu'incessamment elle repousse.
> . . . .
>
> Que l'herbe vieillisse ou se fane,
> Vite une sœur ou courtisane
> En même temps pousse à côté :
> Toujours la même quantité !
> Qu'il se produise un incendie,

L'herbe flambe dans la prairie;
Le sol paraît en un instant
Comme un champ de neige fumant!
Par-ci par-là, de gros blocs ronds,
Sombres, noirs, descendus des monts,
Pendant un tremblement de terre,
Ou vomis par quelque cratère!
. . . .

Soleil couché, tout est désert!
Les vampires planent dans l'air;
Et dans le lointain, à distance,
La brousse n'est qu'une ombre immense
Expirant aux abords des bois,
Comme les vagues sur la grève.
. . . .

« Les magnifiques champs de brousse
« Avec leurs reflets enchanteurs!
« Se sont dit bien des spectateurs:
« Voilà de l'herbe vraiment belle!
« Toujours fraîche, toujours nouvelle!
« C'est un vrai petit Paradis!
« Mais... reposons-nous mes amis. »
Lors on s'asseoit sur la fougère,
La jambe en l'air en s'écriant:
« O Florian! o Florian!
« Montre-nous donc une bergère... »

Et cette description du *Banian* n'est-elle pas superbe:

Gigantesque, imposant, aux branches formidables,
Plus lourdes que le tronc qui leur donna le jour...

. . . .

Mais ce gros végétal d'aspect luxuriant
A du lait sous l'écorce et n'a rien dans les veines.

Le coco — fruit du cocotier — est mis en chanson :

Quand sa coque est assez mûre,
Le petit coco fripon,
Se colle sur la figure
Un joli petit pompon.
De ses yeux il le regarde :
Eh ! quels airs de tapageur !
On dirait un voltigeur,
Un voltigeur de la garde !
Oh ! oh !
Le joli petit, le joli coco !

Alphonse Pélissier, écrivain prolixe, résume, en vers et en prose, des conseils, des maximes de sagesse pratique et légèrement sceptique.

Les déportés doivent-ils s'appeler entre eux messieurs, ou citoyens ? La majorité préfère le mot citoyen ; — Pélissier, narquois, raille cette douce manie :

C'est se chicaner pour des riens ;
L'un et l'autre doivent se dire.
Depuis la chute de l'Empire
Le mot *sujets* ne se dit plus ;
Mais ne faisons pas un abus
Du mot *citoyen*, du mot *frère* :
Cela ne nous avance guère.
Voyons l'on dit : « Bonjour madame ;
Bonjour monsieur. » Bref votre femme
Et votre demoiselle aussi,
Voulez-vous qu'on leur parle ainsi :
« Citoyenne, citoyennette ?...
. . . .

Votre langue reste muette !...
Au fait, les purs républicains
Peuvent bien se dire,
Pour nous faire rire :
« Bonjour, *messieurs* les citoyens. »

Pélissier cultive aussi la nouvelle à la main avec une incontestable... originalité. Extraits des « Echos » du *Parisien* :

« Sur la route :

— Madame, vous marchez bien vite !
— Mais, monsieur, c'est que je suis pressée.
— Ah ! Vous ne désirez pas que je vous accompagne ?
— Monsieur sans doute est musicien...

— Moi ! pas le moins du monde !
— Je croyais... Enfin, accompagnez-moi tout de même.

A la distribution :

— Est-ce qu'on ne nous donnera pas bientôt ces rations d'huile qui nous sont dues depuis si longtemps ?
— Attendez ; on les délivrera bien, un jour ou l'autre.
— Vous verrez qu'ils attendront juste le moment où il n'y aura plus de salades. »

LES THÉATRES

Les goûts artistiques des proscrits s'affirment par la création de théâtres et de concerts multiples. — Théâtre des Délassements, théâtre Geoffroy. — Concert du troisième, du quatrième, du premier groupe. — Beaucoup de troupes rivales, avides de bruit, de réclame, de succès ! La Presse se prête volontiers à ces essais dramatiques ou lyriques et mêle agréablement l'éloge et le blâme, les critiques et les encouragements.

Certains artistes, en possession de la faveur du public, sont littéralement couverts de fleurs... de rhétorique..

On joue, le 26 mars 1879, la *Closerie des Genêts*, où le citoyen Viallon remplit le rôle de Louise Kerouan :

« C'est dire que l'interprétation a été parfaite. J'ai vu plus d'un mouchoir qui furtivement effaçait les traces de quelques larmes. C'est là un beau succès, M. Viallon ! »

Le citoyen Viallon, dans un autre endroit de la même gazette, est appelé « la lune » du théâtre des Délassements ; non moins pompeusement M. Gautier en est déclaré le « soleil ».

Un citoyen Blampin est comparé à Bouffé, le célèbre comédien du Gymnase, et pour diverses raisons, le critique n'hésite pas à lui décerner la palme.

Toutefois, un rédacteur sagace raille justement la manie trop répandue de se donner en spectacle :

« Chaque jour, mettez, si vous le voulez, chaque mois, le nombre des déportés diminue et le nombre des théâtres augmente, ce qui, au premier coup d'œil, semble singulier et ce qui est parfaitement ridicule au second.

« Pourquoi deux théâtres, pourquoi deux trompes ?

« Avez-vous donc l'amour-propre assez développé pour ne pas comprendre qu'il n'y a que deux objectifs : l'art et le public ?

« Pourquoi se diviser ?... »

Notre journaliste prêche dans le désert. Une scène vaste, colossale, se bâtit au moment qu'il écrit, et son directeur l'inaugurera, demi-achevée, la veille même de l'embarquement des amnistiés pour la France ! On n'arrête pas une vocation.

Un café-concert s'élève vers cette époque au beau milieu de la quatrième commune ; si le critique n'exagère pas, rien de plus charmant.

« Ouf ! M. Potonnier, vous avez d'héroïques camarades. — Un soleil chauffé à 40° n'a pas empêché 400 déportés au moins de se rendre à votre appel et de griller fraternellement en chœur en écoutant les vôtres... Dévouement admirable !

« C'était plaisir d'entendre *Les Maçons, Une nuit du vieux Paris :* — Le citoyen Quiniou, un titi qui connaît à fond son *Robert le Diable;* le citoyen Lefèvre, un fantassin bien comique, et le citoyen Cher, qui dit la romance avec un naturel parfait !

UN MONUMENT FUNÉRAIRE

Que dirons-nous des sentiments affectifs des

déportés ? Une touchante circonstance leur permit de les manifester hautement. A l'instant presque de leur retour, on leur proposa d'élever au cimetière de l'île, au milieu des tombes anonymes de leurs camarades, un monument funéraire à la mémoire des pauvres gens morts en exil. Aussitôt d'ouvrir une souscription, qui fut bientôt couverte. Mais alors commencèrent les difficultés. En démagogie, tout le monde propose, délibère ; nul ne veut obéir ; donc personne n'agit. Cela se vérifie dans les petites comme dans les grandes choses.

Un comité d'initiative se forma. Les artistes, conviés à lui soumettre leurs projets, le renversèrent. Et d'un comité renversé ! Un autre le remplace, élu cette fois. Il se divise d'abord en deux partis ennemis, et se subdivise en sous-comités. D'où polémique virulente, affiches, invitations, avis, placards injurieux, protestations et contre-protestations.

La trace de ce débat orageux est conservée par la presse. Le directeur de l'*Album* reçoit, le 9 avril 1879, la lettre drolatique suivante :

« Citoyen directeur,

« Nous voici à la tête de deux comités.

« Qu'est-ce qui surveille ces deux comités ?

« Là est la question.

« En présence du conflit, nous, citoyens français et bien pensants, nous avons formé le projet de faire un appel aux cinq groupes de l'île des Pins, afin de nommer un comité de surveillance des comités.

« La déportation est tombée dans le marasme, monsieur le directeur, quatre copains seulement ont répondu à notre appel fraternel. Malgré cette minorité imposante, nous avons quand même formé le comité de surveillance des comités. »

Qualités des quatre copains :

« Le premier n'a pas son pareil pour les coups de tête.

« Le deuxième excelle dans l'art de ramasser les gambettes.

« Le troisième encapuchonne proprement un homme, quelle que soit sa force.

« Enfin le quatrième, sur le chausson, est à Arpin ce que Rouher est à l'Empire.

« Agréez..... »

Pour conjurer le péril que les divisions intestines font courir à « l'œuvre du monument », le citoyen Louis Bourdon, trésorier, redouble d'efforts et d'éloquence. La surprenante affiche que voici est publiée dans les communes :

Appel à la déportation.

« Chers concitoyens et camarades d'exil,

« Au milieu d'obstacles inattendus, nous avons poursuivi la tâche que vous nous aviez donné mission d'accomplir; il n'y a plus aujourd'hui à douter de sa réalisation.

« Au moment de quitter la terre d'exil et de remettre à nos camarades non graciés l'œuvre de la déportation à la mémoire de ses membres défunts, nous venons faire un nouvel appel à ceux qui n'ont pas encore coopéré à l'érection d'un monument funèbre; nous croyons que tous voudront apporter leur obole pour son achèvement !

« Nous allons rentrer en France !

. . . .

« Quoi de plus touchant à donner à de malheureux affligés que la preuve de la sympathie et du respect dont la mémoire de leurs morts aura été entourée et consacrée par un monument qui attestera pendant des siècles :

« Ici reposent les défenseurs de la République !

« Puisse cette modeste pyramide être le jalon d'un monument d'un autre ordre que les nations civilisées ne refusent pas à ceux qui les ont courageusement servies !... Lorsque la calomnie, la haine, les passions de parti seront éteintes, lorsque l'instruction aura développé la *prodigieuse intelligence des classes laborieuses,* si nous avons été réellement utiles à notre pays, l'histoire impartiale dira sans doute :

« Les victimes de 1871 avaient bien mérité de la patrie. »

Ile des Pins, 24 mai 1879.

Signé : Léon BOURDON, PRÉAUX, MOUNIER, POMPIER, GOMOT, MASSART, LESCAUX, TABARY.

Le Secrétaire, PRÉAUX. *Le Trésorier de l'œuvre,* Léon BOURDON.

O puissant effet de l'éloquence écrite ! Les discussions s'apaisèrent, la générosité se réveilla, et les pauvres morts n'attendirent plus le monument voué à leur mânes. Sur la colline verte, au-dessus des niaoulis et des rhododendrons, la pyramide s'éleva, dominant les tombes moussues aux croix noires, les fûts brisés de pierre grise. Maintenant l'humble cimetière ensoleillé, fleuri, jadis pieusement soigné, que devient-il ? Les pluies et l'air mordant de la mer ont sans doute effacé les noms des obscurs défunts. Et le jardinier n'étant plus là pour écarter les ronces envahissantes, les herbes hautes ensevelissent la nécropole des proscrits.

La pyramide attestera-t-elle « pendant des siècles » les souvenirs de la guerre sociale de 1871 ? Je n'ose pas lui promettre la durée des constructions égyptiennes. Que du moins, si corrodée, moisie par l'usure, elle s'émiette sans bruit dans la solitude et l'abandon, ou si quelque cyclone la renverse, jamais déportation semblable ne répare les outrages de la tempête ni les injures des ans !

TABLE DES MATIÈRES

PREMIÈRE PARTIE

DEUXIÈME PARTIE

VAINCUS

TROISIÈME PARTIE

DÉPORTÉS

ÉVREUX, IMPRIMERIE DE CHARLES HÉRISSEY

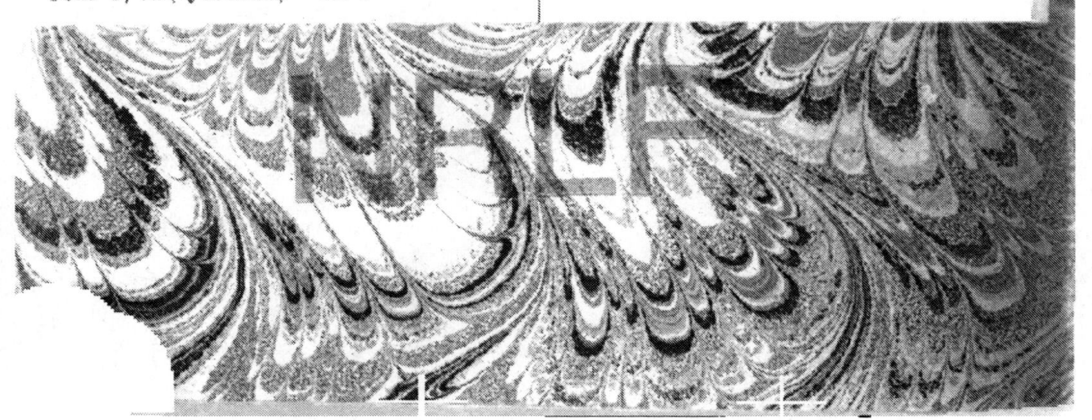

CPSIA information can be obtained at www.ICGtesting.com
Printed in the USA
LVOW05s1510040614

388615LV00009B/265/P